TALA MOHAJERI

DIE WILDNIS IN DIR

Für Doris Löwisch
und alle mutigen,
schöpferischen,
ungezähmten,
unverschämten,
wilden
Geschöpfe dieser Erde.

»... sei frech und wild und wunderbar.«

Astrid Lindgren

TALA MOHAJERI

DIE WILDNIS IN DIR

Entdecke deine Einzigartigkeit

IRISIANA

INHALT

VORWORT – WIE MIR DIE NATUR ZUR FREUNDIN WURDE

Häufig werde ich gefragt, warum ich so viel über die Natur weiß und die Fähigkeit habe, dieses Wissen anderen zu vermitteln. Um das zu beantworten, muss ich ein wenig in die Vergangenheit reisen. In meine eigene Vergangenheit und in die meiner Familie. Geboren wurde ich in Teheran im Sommer 1980, kurz vor Ausbruch des ersten Golfkriegs zwischen dem Iran und dem Irak. Mein Vater, Asgar Mohajeri, war Kaufmann und handelte mit Autos und Teppichen. Er entstammte einer sehr einflussreichen und angesehenen Familie aus dem Ardabil-Hochgebirge, einer Region im Nordwesten Irans. Die Zeiten damals, nach dem Sturz des Schahs, waren schwierig und gefährlich – zumal mein Vater sich als liberaler Gegner des Regimes um Ruhollah Musawi Chomeini verstand. 1981 wurde er gefangen genommen und nach eineinhalb Jahren Haft und Folter hingerichtet. Das war im Sommer 1983. Meine Familie wurde enteignet und verlor von heute auf morgen all ihren Besitz. Meiner Mutter Rouhi blieb nur ein Ausweg, um unser Überleben zu sichern: die Flucht aus dem Iran. Wir verließen die Heimat und kamen nach Deutschland, wo meine Mutter Asyl beantragte und einen Neuanfang wagte. Nach Aufenthalten in Flüchtlingsunterkünften in Berlin, Braunschweig und Buchholz kamen wir schließlich nach Hamburg. Hier sind wir geblieben.

Als Flüchtlingskind in Deutschland aufzuwachsen bedeutete, sich mit zwei sehr unterschiedlichen Kulturen auseinandersetzen zu müssen. Der Alltag unserer kleinen Familie war geprägt von Bürokratie und Unsicherheit: Asyl beantragen, Kampf um Duldung und Aufenthaltstitel, »Blauer Pass« und unbefristete Aufenthaltsgenehmigung. Uns blieb, ganz praktisch gesehen, ein nur sehr kleiner Bewegungsradius. Somit waren die ersten Jahre meiner Kindheit stark durch die Landschaft und Natur unserer unmittelbaren Umgebung geprägt.

Durch das ständige Hin und Her zwischen persischer und deutscher Kultur fühlte ich mich als Kind lange Zeit ziemlich überfordert. Unser sozialer Status, unsere Geschichte, unsere Entwurzelung, all dem konnte ich nicht entfliehen. Und trotz all der Gastfreundschaft der meisten Deutschen – wir spürten oft auch Vorurteile gegenüber Flüchtlingen.

In dieser Zeit machte ich eine Erfahrung, die für mein weiteres Leben elementar war. Ich lernte, wo ich mich bewegen konnte, ohne bewertet zu werden, wo ich mich beschützt und frei fühlte: in der Natur!

Die Natur interessierte sich nicht dafür, wie gut ich Deutsch sprechen konnte, welche Kleidung ich trug, ob ich Mädchen oder Junge war, ob ich gebetet hatte oder nicht, sie maßregelte nicht, ob ich im Alltag etwas falsch oder richtig machte.

Die Natur wurde mir zur besten Freundin.

Ich weiß noch, dass ich von meinem Kinderzimmer aus direkt auf einen wunderschönen Ahornbaum blicken konnte – von diesem Baum habe ich alles über die Jahreszeiten gelernt, bevor ich das Wort »Jahreszeiten« überhaupt kannte. Durch das unmittelbare Erleben der Natur hier in Norddeutschland, den Jahreslauf, die Luft, den Himmel und die Weite des flachen Landes lernte ich so viel über das Land und die Menschen, wie es mir niemand hätte besser vermitteln können.

Je natürlicher die Landschaft war, je unberührter, je wilder, desto wohliger und geborgener fühlte ich mich in ihr. Allein durch das Beobachten begriff ich Stück für Stück, wie alles miteinander verbunden ist und dass alles und jeder seinen Platz im ökologischen Gefüge hat. Diese Erkenntnis hat mir als Kind Mut und die Einsicht geschenkt: »Ich bin ein Teil von allem und ich bin der Erde zugehörig.« Somit war es letztlich meine Liebe zur Natur, die dazu geführt hat, mich mit diesem Land zu identifizieren. Als man mir mit 18 Jahren bei der Einbürgerung die Frage stellte, ob ich die deutsche Staatsbürgerschaft annehmen wolle, konnte ich mit einem klaren »Ja« antworten. Denn ich fühlte – und fühle – mich hier zu Hause, mit den Bäumen verwurzelt, von der Landschaft geprägt; die Natur war meine Lehrmeisterin und sie ist es bis heute.

Ich erinnere mich, dass ich Wildhöhlen baute, um darin ungestört stundenlang zu liegen und dem Herzschlag der Erde zu lauschen. Meine Mutter meinte immer, dass mir diese tiefe Naturverbundenheit von meiner Großmutter väterlicherseits vererbt wurde. Meine Oma Zose war eine pflanzenkundige Frau und galt als Heilerin. Sie besaß die Gabe, sich mit den Geistern verstorbener Ahnen zu unterhalten. Sie wurde in der Nachbarschaft sehr geschätzt und die Menschen im Dorf fragten sie um Rat, wenn sie Sorgen oder gesundheitliche Probleme hatten. Leider habe ich meine Großmutter Zose nie kennengelernt; sie starb in dem Jahr, als ich geboren wurde. Die Veranlagung für die Heilkünste hat sie mir offenbar hinterlassen. Und obwohl ich meine Großmutter leider nie erleben durfte, ist sie mir als Ahnenspirit eine große Verbündete: eine weise, alte Frau, die ich um Rat fragen kann, sobald ich in die Schwellenräume der Anderswelten tauche.

Die Kommunikation mit unseren Ahnen sowie die Gabe, Krankheitsverläufe aus den unterschiedlichsten Blickwinkeln zu betrachten, haben mich schon immer fasziniert.

Die tiefe Naturverbindung war letztendlich auch ausschlaggebend für meine Berufswahl. Nach einem Fehlversuch – ein kurzes Gastspiel als Studentin der BWL – entschied ich mich für eine Ausbildung zur Heilpraktikerin. Dazu muss ich vorausschicken, dass ich in einem Zuhause aufgewachsen bin, in dem es weder ökologisch noch naturkundlich bewusst zuging. Begriffe wie »Homöopathie«, »TCM«, »Anthroposophie« oder »Humorallehre« waren mir lange Zeit fremd. Aber wegen unserer persischen Wurzeln spielten der Glaube an Geister und der Umgang mit Spiritualität immer eine Rolle im Leben meiner Familie. Im Gegensatz zu Deutschland zählt in der Heimat meiner Familie der Ahnenglaube ebenso zum alltäglichen Wissen wie die Kraft der Dschinns – das ist der arabische Begriff für Geister, die mit uns in der nicht materiellen Wirklichkeit leben –, ohne dass alles wissenschaftlich infrage gestellt wird. Das Heilige und das Profane gehören zusammen, sind miteinander verwoben. Das eine ist ohne das andere nicht denkbar.

Im Spannungsfeld zweier so unterschiedlicher Lebenswelten aufgewachsen zu sein und zu leben, lässt mich heute sagen: Als deutsche Frau mit Migrationshintergrund bin ich darin geübt, mich vorurteilsfrei zwischen allen Kulturen und Gesellschaftsschichten zu bewegen, und ich empfinde es als einen Segen, die kostenbaren Wissensschätze beider Welten zu verbinden.

Seit ich denken kann, ist in mir ein Drang, den Menschen, die Spiritualität und die Natur in Einklang zu bringen. Körperarbeit und ganzheitliche Massagen, der menschliche Bewegungsapparat, Umgang mit Spiritualität und die Kraft von Heilpflanzen sind die Schwerpunkte meiner Naturheilpraxis. Darüber hinaus ist meine Arbeit als Heilpraktikerin geprägt durch langjährige Weiterbildungen in schamanischen Heilkünsten und Ritualarbeiten.

Nach meiner Ausbildung in Hamburg hat es mich – wie hätte es auch anders sein können – hinaus aufs Land gezogen. Ich verließ die Großstadt auf der Suche nach einem neuen passenden Zuhause, und, man mag es kaum glauben, ich fand ein Haus – nicht am Wald, sondern mittendrin. Als hätte dieses »Hexenhaus« nur auf mich gewartet. Dort, rund 40 Kilometer vor den Toren Hamburgs, lebe ich seit einigen Jahren und vermittle in Seminaren meinen meist »städtischen« Patienten mein Naturverständnis. Ich habe also meinen Lebensmittelpunkt von der Stadt in den

Wald verlegt und dieses unmittelbare Wald(er)leben hat mir noch mehr den Blick dafür geöffnet, wie wichtig es ist, dass wir Menschen ein anderes Bewusstsein für die Natur entwickeln.

So viel zu meiner Geschichte, meinem Werdegang. Aber was hat das nun mit dir, liebe Leserin, lieber Leser, zu tun? Welchen Mehrwert haben meine Erfahrungen und dieses Buch für dein Leben? Dieses Buch soll als Brücke dienen, es soll Impulse geben und darüber hinaus ganz praktisch helfen, die Kraft deiner Wildnatur – der Wildnis in dir! – mit deinem Alltag zu verbinden und körperlich erfahrbar zu machen. Ich lade dich ein, mit Übungen, Meditationen und Anleitungen das geschriebene Wort in die Tat umzusetzen und zu leben. Die Natur ist eine Heilmeisterin. Und sie lässt uns teilhaben an ihr, wenn wir unseren Platz in ihr finden.

Letztlich gibt es für mich keine Umwelt, alles ist Mitwelt, die Natur ist unser Naturell und die Wildnis bietet uns jede Menge Reichtümer, um mit der Urkraft, die in jedem Menschen steckt, wieder in Kontakt zu kommen – und das ganz unabhängig von Alter, Geschlecht und Hautfarbe.

ICH LADE DICH ZUM MITMACHEN EIN

Ich möchte dich teilhaben lassen an der Kraft und Schönheit, die unsere Mitwelt uns schenkt, und mein Wissen in diesem Buch mit dir teilen. Vielleicht schenkt es dir die Lust darauf, deine Wildnatur wiederzuentdecken und zu spüren. Die Natur – und damit letztlich du selbst – kennt die Antworten auf die Fragen deines Herzens am besten. Die Natur kann dir ein Spiegel sein, ohne dich in deiner Meinung und Wahrnehmung zu beeinflussen; ihre Lehre ist wertfrei, so alt wie die Geburtsstunde dieses Planeten und folgt keinen Konzepten. Die Melodie eines jeden Herzens ist wild und frei. Es lohnt sich sehr, den Takt zu kennen, um selbstsicher und mit voller Kraft seinen Lebensalltag zu gestalten.

Alle Übungen und Meditationen sind Hilfe zur Selbsthilfe. Dieses Buch richtet sich an alle, die wieder einen Zugang zur Naturverbundenheit suchen.

Bevor wir beginnen, noch ein paar kleine Hinweise: Ich werde in den Übungen, die du im Buch findest, auf die Waldwildnis und Kulturlandschaften unserer Breitengrade eingehen. Die aufgeführten Beispiele gelten nicht für Urwälder oder Naturschutzgebiete. Diese Lebensräume müssen wegen ihrer Artenvielfalt vor unerfahrenen (Stadt-)Menschen geschützt werden. Ebenso bedürfte es der Hilfe eines erfahrenen Fährtensuchers beziehungsweise ortskundigen Führers, um sich zum Beispiel durch die Wildnis der afrikanischen Steppe zu bewegen oder um alpines Hochgebirge zu erklimmen. Alles, was ich dir ans Herz lege, soll gefahrlos umsetzbar und für jeden praktizierbar sein.

Was für alle Übungen in der Natur gilt, ist Folgendes:

- Stell dein Handy bitte auf Flugzeugmodus.
- Bereite eine kleine Notfalltasche mit Medikamenten, die du täglich einnimmst, vor, wenn es raus in die Natur geht, und zieh wetterfeste Kleidung an.
- Die Tier- und Pflanzenwelt gilt es zu schützen und zu respektieren, nicht jede Blume will gepflückt und nicht jeder Ast unnötig kaputt getreten

werden. Bitte nie maßlos viele Pflanzen, Pilze oder Steine sammeln. Viele wirksame Pflanzenarten sind sehr selten, wenn nicht gar vom Aussterben bedroht. Man schadet nicht nur dem Bestand, sondern macht sich auch strafbar, wenn man sie (zu reichlich) pflückt. Pflanzen nie mit den Wurzeln ausreißen.

- Nutze moderne Technik, wenn du die »Ernte« deines Spaziergangs mit anderen teilen möchtest: Ein Foto reicht aus, um Pflanzen bestimmen zu können und ihre Schönheit zu zeigen.
- Versuche, in Stille zu wandern.
- Es ist ratsam, langsam zu gehen, wachsam, beobachtend, schnüffelnd und ohne Eile. Je langsamer du bist, desto besser kann sich deine Wahrnehmung der Umgebung öffnen.

Am Ende jedes Kapitels findest du eine *Affirmation*, also aufbauende positive Bekräftigungssätze. Sprich diese Sätze laut aus, wenn die Affirmation dich dazu anregt. Die Energie folgt dem Gedanken, daher ist es hilfreich, diese Sätze so häufig wie möglich zu wiederholen und sich dabei leicht auf die Thymusdrüse zu klopfen (diese befindet sich hinter dem Brustbein).

KAPITEL 1

DIE NATUR ERLEBEN

Ich kann meine Augen verlieren und dennoch leben.
Ich kann meine Ohren verlieren und dennoch leben.
Ich kann meinen Mund, meine Arme,
meine Beine verlieren und dennoch leben.
Aber wenn ich die Erde verliere, sterbe ich.
Wenn ich die Luft verliere, sterbe ich.
Wenn ich das Wasser verliere, sterbe ich.
Wenn ich das Sonnenlicht verliere, sterbe ich.
Was ist mein wahrer Körper?

aus dem Sufismus

WIE ICH LERNE, DIE NATUR (WIEDER) ZU SPÜREN

Losgehen, barfuß die Verbindung zur Erde fühlen, den Geruch von Moos einatmen und mich vom Wind berühren lassen, immer tiefer in den Wald hineinwandern und – mit dem Gesang der Vögel – die aufgehende Sonne begrüßen, das ist mein Erfrischungsbad am Morgen.

Kein Morgen gleicht dem anderen, die Gerüche unterscheiden sich, die Blätter verändern im Lauf der Jahreszeiten Form und Farbe, selten sieht man eine Blüte zum zweiten Mal. Die Waldbäume bilden einen Verbund. Buchen, Eichen, Kiefern, Eschen und Birken stehen in ihrer Unterschiedlichkeit nebeneinander und wachsen dem Sonnenlicht entgegen. Zu jeder Jahreszeit hinterlassen die Tiere andere Spuren an den Kreuzungen, wo sich Waldwege und Tierpfade treffen. Der feuchte Boden, manchmal eisig und schroff, fordert mich, meine Schritte bewusst zu wählen, um mich nicht zu verletzen. Egal worauf mein Blick fällt, alles hat eine individuelle Form, jeder Ast, jeder Zapfen, jeder Stein ist einzigartig und hat seinen Platz in diesem vollendeten Ökosystem.

Ich benötige nur zehn Schritte, um die Schönheit des Waldes von meinem Zuhause aus erleben zu können. So nah mit Bäumen und Wildtieren zu leben und von ihnen zu lernen, macht mir immer deutlicher, wie wichtig es ist, dass wir Menschen uns wieder einem Naturbewusstsein öffnen. In Zeiten, in denen Schlagwörter wie »Reizüberflutung«, »Depression«, »Erschöpfung« oder »Panik vor den politischen Ereignissen« überhandnehmen, ist die Rückbesinnung auf die Natur eine Kraftquelle, aus der wir tagtäglich schöpfen können.

Sie umgibt uns, sie ist jederzeit verfügbar und sie kostet uns nichts!

Wann immer ich Menschen beobachte, die sich länger als einen Tag in der Natur aufhalten, stelle ich fest, wie sich ihre Blicke verändern. Ich kann es deutlich sehen: Es kehrt ein Glanz in ihre Augen zurück. Ein Tag am Meer zum Beispiel ist wie ein Kurzurlaub für die Sinne. Sich »im Freien« zu bewegen gibt Kraft und belebt den Geist. Sobald die Sonne scheint, zieht es uns Menschen zu jeder Jahreszeit nach draußen.

WAS IST EIGENTLICH NATUR?

Stelle ich Kursteilnehmer und Kursteilnehmerinnen beim Gestalten von Naturritualen die Frage: »Was empfindest du als Natur? Was ist für dich Natur?«, lauten die häufigsten Antworten: blühende Wiesen, Seen, Berge, das Meer, Rasenflächen, Äcker und Wälder. Gefolgt von Begriffen wie: pur, ganz, natürlich, unbehandelt, ursprünglich, draußen sein, grün und unberührt. Die Natur (lat. *natura* von *nasci* »entstehen, geboren werden«)[1] birgt erstaunliche Geheimnisse, die der Mensch mit all seinem Forscherdrang und trotz aller Wissenschaft nicht erfassen kann. Meist wird Natur als etwas verstanden, was *nicht* vom Menschen geschaffen wurde. Es existiert jedoch keine allgemeingültige Definition, denn fast jede Kultur hat eine andere Definition dessen, was unter den Begriff »Natur« fällt. Auch hat uns die Sicht der Religionen stark dahingehend geprägt, welche Rolle der Mensch gegenüber der Natur einzunehmen hat. Wir befinden uns in dem Irrglauben zu denken, der Mensch sei die Krönung der Schöpfung. Und aus dieser Annahme leiten wir leider ab, wir hätten

das Recht, uns der Natur zu bedienen, sie zu domestizieren, auszubeuten, zu verändern oder zu »verbessern«. Befragt man Naturwissenschaftler nach ihrem Natur-Begriff, so werden Pflanzen und Tiere als *belebte* Natur bezeichnet, während Steine, Flüssigkeiten oder Gase als *unbelebte* Natur definiert werden. Indem man die Natur aufspaltet in *belebt* und *unbelebt*, findet erneut eine Kategorisierung statt. Aber wo genau steht der Mensch in dieser Natur-Definition?

In meinen Augen ist die Aufteilung in *belebte* oder *unbelebte* Natur nicht sinnvoll. Ob Feuer, Wasser, Luft und Erde, jeder Stein, jeder Baum und jedes Metall, jeder Grashalm, jede Blume, jedes Tier, jeder Mensch – alles ist lebendig. Alles hat seine eigene Energie und Aufgabe und steht in enger Verbindung mit allem anderen. Wir Menschen aber begreifen uns nicht mehr als Teil der Natur, und dieses falsche Bewusstsein des Ab-Getrenntseins müssen wir wieder ändern, denn solange wir denken: Dort ist die Natur und hier sind wir, fehlt uns die überlebenswichtige Verbindung zur Weisheit der Wildnis. Wir wertschätzen nicht den Menschen als Teil des ökologischen Gesamtgefüges.

Zwei Millionen Jahre – seit der Zeit des hominiden Urmenschen – lebten wir in enger Verbundenheit mit der Natur und verehrten sie als eine nährende Göttin. Selbst vor nicht einmal 200 Jahren war die Naturverbundenheit unserer Vorfahren noch eine ganz andere, eine wesentlich intensivere als in der Gegenwart. Dass wir uns abgetrennt haben von der Wildnis, ist also ein sehr junges Phänomen.

Welchen Stellenwert die Erde für unsere Vorfahren hatte, kann man auch daran ablesen, wie sie beschrieben wird: Bei den indigenen Kulturen Südamerikas wird sie als »Pachamama« – Mutter Welt, Mutter Kosmos – bezeichnet, »Mother Earth« heißt es heute bei den indigenen Kulturen Nordamerikas, »Gaia«, die Erdmutter, hieß sie bei den Griechen. Der Begriff »Mutter Erde« nimmt auch in unseren Breiten an Beliebtheit zu. Die Erde als Mutter zu personifizieren, öffnet unsere Herzen dafür, sie als eine nährende und fürsorgliche Kraft wahrzunehmen. Die Erde wird dem weiblich-nährenden Prinzip zugeordnet und der Himmel dem männlichen Prinzip der Schöpfung.

Stell dir nur einen Augenblick vor, du könntest die Erde vom Weltall aus beobachten. Aus dieser Perspektive betrachtet – da sind sich wohl alle einig –, sind wir Menschen ein natürlicher Teil des »blauen Planeten«. Es scheint, dass alles, was wir dort sehen, Natur ist. Wir gehören zu dieser »grünen Erde« dazu. Betrachten wir allerdings die Natur in unserer Nähe, in Deutschland, in Europa, müssen wir feststellen, dass in den Industriestaaten fast jeder Lebensraum durch den Einfluss von Menschen geformt, gestaltet, verändert worden ist. Nichts ist mehr ursprünglich, nichts mehr natürlich. Und dennoch fühlen sich die meisten Menschen in Parkanlagen, in Forstwäldern, in Auenlandschaften oder auch im eigenen Garten mit der Natur verbunden. Etwas in uns ist also tief verwurzelt mit diesen unzähligen Ausdrucksformen der Erdlandschaften, selbst dort, wo der Mensch die ökologischen Gegebenheiten stark verändert hat.

Jeder Mensch, ob nun naturverbunden oder nicht, ist Teil der Erde und mit ihr verbunden. Wie sich diese Verbundenheit ausdrückt, ist genauso vielfältig wie beispielsweise die Sprachen, die es auf der Erde gibt. Unabhängig von Beruf, religiöser Ausrichtung oder sozialem Status können beispielsweise eine Gärtnerin, ein Bergsteiger oder ein Umweltaktivist jeder auf seine Art und Weise eine tiefe Naturverbundenheit leben und für sie wirken. Der Gründer der Gaia-Hypothese, der Geophysiologe James Lovelock, geht davon aus, dass die Erde als »lebender« Organismus ein sich selbst regulierendes System ist, das Ungleichgewichte, die ihre Existenz gefährden, ausgleichen kann. Die Erde hilft sich also selbst.

So unterschiedlich unsere Definitionen von Natur auch sind, eines ist sicher: Die Natur lebt vom Zusammenspiel aus Abhängigkeiten und Wechselwirkungen. Diese Abhängigkeiten könnte man auch als Verbundenheit betrachten. Alles Lebendige beeinflusst sich gegenseitig. Ein paar einfache Beispiele: Ohne die Bestäubung durch Insekten würde es keine Pflanzenfrucht geben, gleichzeitig bieten die Pflanzen Nektar für die Insekten. Oder: Ist ein Baum von einem Schädling befallen, gibt er Signalstoffe ab, um andere Bäume, die vom Schädling noch nicht erreicht wurden, zu alarmieren. Diese Verknüpfungen enden aber nicht auf der Erdoberfläche. Unser grüner Planet ist abhängig vom Sonnenlicht, ohne das kein Leben auf der Erde möglich wäre. Das Magnetfeld der Erde und die Gasatmosphäre bilden eine Hülle, die uns vor Weltraumstrahlung schützt. Ebbe und Flut werden durch die Anziehungskraft unseres Trabanten, des Mondes, beeinflusst. Der Rhythmus zwischen Tag und Nacht hängt von der Sonne, der Erdrotation und deren Neigungswinkel ab. Alle diese so unterschiedlichen Beispiele verdeutlichen, dass alles in der Natur nur in Abhängigkeit funktioniert. Dieses Zusammenspiel der Wechselwirkungen ist seit mehr als vier Milliarden Jahren erprobt. Und dennoch maßen wir uns an, uns aus diesem Zusammenspiel herausnehmen und eine Sonderrolle einnehmen zu können. Glauben wir wirklich, das kann auf Dauer funktionieren?

SIND **WIR** NATUR?

Betrachtet man den menschlichen Körper, kann man Folgendes feststellen: Ein erwachsener Mensch besteht zu 60 Prozent aus Wasser, unsere Knochen, Haare, Zähne bestehen aus Spurenelementen, also aus den Bestandteilen der Erde. Analysiert man genauer und wirft einen Blick durchs Mikroskop, dann werden wir zu Proteinen, Fetten, Mineralstoffen, Gasen … In uns ist die ganze Geschichte der Evolution gespeichert, vom Bakterium bis zum hoch entwickelten Säugetier. Mensch, Tier und Pflanze bestehen aus denselben Grundbausteinen und haben die gleiche spiralförmige DNA-Struktur. Die indigenen Völker sprechen von Verwandtschaftsgraden in der Gesamtnatur. Der Fels ist ebenso mit uns verwandt wie der Adler. Goethe brachte es zu seiner Zeit so zum Ausdruck: »Alle Gestalten sind ähnlich, und keine gleichet den andern.«

Unser grüner Planet birgt Geheimnisse in sich, und jeder Versuch der Wissenschaft, die Natur messbar zu machen und zu analysieren, wird doch immer nur im besten Fall einen Bruchteil des Ganzen erkennbar machen können. Es liegt an uns, in den Statistiken und Forschungsergebnissen zwischen den Zeilen

den Geist der Dinge zu erfühlen. Erkennen wir wieder an, dass die Gesamtnatur einen mystischen, nicht greifbaren Charakter hat, dann gewinnt vielleicht jeder einzelne Mensch seine Besonderheit wieder.

Die Erde ist ein Staubkorn im Universum, dessen Komplexität wir nie in Gänze verstehen werden. Egal wie »fortgeschritten« wir glauben zu sein.

Der Mensch gehört zur Natur.

Wir sind Natur.

Um es mit den Worten des Kosmologen Brian Swimme auszudrücken: »Vor vier Milliarden Jahren war die Erde ein riesiger Ball aus glühendem Gestein, und heute kann sie Opern singen.« Wenn wir uns unsere Naturzugehörigkeit begreifbar machen, dann hat jeder Mensch die Kompetenz, sich mit Fragen nach dem Sinn des Menschseins, nach Schutz und Nachhaltigkeit zu befassen, weil letztlich, über alle Ländergrenzen hinaus, die Erde unser aller Urheimat ist.

WAS IST DEINE WAHRNEHMUNG VON NATUR?

Was erlebst du selbst als Natur? Gehört der Tisch aus Holz, an dem du vielleicht gerade sitzt und liest, für dich zur toten Materie? Ist in deinen Augen deine Zimmerpflanze weniger belebt als ein Baum im Park? Wo erlebst du Natur in deiner unmittelbaren Umgebung? Und wann und wo hört diese Lebendigkeit für dich auf?

ÜBUNG: ERSTELLE DEINE NATUR-LISTE

Diese Übung dient dazu, dir die Fülle der Natur in deinem Zuhause bewusst zu machen.

Bitte nimm dir kurz Zeit und wirf einen bewussten Blick auf deine Umgebung: Was nimmst du als Natur wahr? Wenn du zu Hause bist, was empfindest du als Natur in deinem Wohnumfeld?

Erstelle jetzt eine Liste von Gegenständen, die du mit dem Begriff »Natur« in Verbindung bringst. Geh langsam und bewusst durch deine Wohnräume. Worauf fällt dein Blick? Nimm von Kleidungsstücken bis Dekorationen, von Möbel bis zum Geschirr hin alles wahr. Wie sieht deine ganz persönliche Natur-Liste aus? Du kannst diese Liste auch schriftlich verfassen.

Die meisten Menschen, so meine Erfahrung, werden ihre Haustiere oder Pflanzen auflisten. Noch nachvollziehbar, oder? Aber wie sieht es mit Nahrungsmitteln aus, Obst, Gemüse, den Gewürzen im Schrank? Oder auch mit der Baumwolldecke auf dem Sofa, der Spinne an der Wand, dem Holzfußboden? Und was ist mit dem Gas oder Öl für die Heizungsanlage? Dem Holz für den Kaminofen? Heilsteine? Mit den Metallfüßen des Unterschranks? Mit dem Wasser, das aus der Leitung kommt?

Ist all das *Natur* oder nicht?

Und wie betrachtest du dich selbst? Wie steht es um die Luft, die du gerade einatmest? Gehört sie deinem Empfinden nach nicht zum großen Kreislauf, der ein wichtiges Kriterium für Lebendigkeit ist? Hielte man Sauerstoffmoleküle für einen Grundbaustein des Lebens, dann müsste man ja daraus schlussfolgern, dass die Natur durch jeden Atemzug mit uns in Verbindung tritt …

Vielleicht bekommst du durch diese Liste eine Wahrnehmung dafür, wie viel Natur du um dich hast, ohne dafür deine gewohnte Umgebung verlassen zu müssen. Ohne dass du dir bis jetzt dessen bewusst geworden sind.

Vielleicht nimmst du wahr, dass sich die Anzahl der Dinge erweitert hat, weil du vieles genauer betrachtet hast. Wenn du bereit bist, möchte ich dich jetzt mitnehmen auf eine ebenso besondere wie einfache »Entdeckungsreise«.

ÜBUNG: SPÜR-REISE ZUM URSPRUNG DER DINGE

Diese Spür-Reise öffnet den Blick für die Herkunft der Dinge. Gieß dir ein Glas Wasser ein und trink es mit geschlossenen Augen. Kaue die Schlucke wie bei einem guten Wein. Mach dir bei jedem Schluck bewusst, woher das Wasser ursprünglich kommt. Wo mag die Quelle sein? An welchem Gestein ist das Wasser entlanggeflossen? Welche Naturkräfte haben daran mitgewirkt, dass du jetzt dieses Wasser trinken kannst? Kannst du es herausschmecken? Mit jedem einzelnen Schluck bist du eingebunden in einen Kreislauf, der seit Millionen von Jahren Bestand hat, in ein Zusammenspiel aus Wolken, Regen, Meeren, Seen und Flüssen.

Als Nächstes betrachtest du ein Möbelstück aus Holz in deinem Zuhause: Von welchem Baum könnte dieses Holz stammen? In welchem Wald wuchs dieser Baum heran? Wie alt ist dieser Baum wohl geworden?

Atme jetzt langsam und tief ein und aus – und denk daran, dass die Sauerstoffmoleküle, die du in dir aufnimmst, von Bäumen, von Pflanzen abgegeben wurden. Vielleicht wurde dein jetziger Atemzug durch eine Schlingpflanze in einem Tropenwald ermöglicht. Diese Moleküle kreisten bereits in unzähligen Körpern und existieren in verschiedensten Formen seit Tausenden von Jahren.

Mit dieser Übung kannst du dein Bewusstsein dafür schärfen, dass die Natur uns immer umgibt; wir sind mit ihr verbunden, sie umsorgt uns mit allen überlebenswichtigen Ressourcen!

In dem Wald, der mein Haus umgibt, steht ein sehr alter Holunderbaum. Ihm habe ich es zu verdanken, dass die Symptome meines allergischen Asthmas, mit dem ich seit meinem zwölften Lebensjahr zu kämpfen hatte, viel besser wurden. Lange Zeit habe ich alle möglichen Mittel ausprobiert, ob nun von der Schulmedizin verordnet oder von Heilpraktikern empfohlen – nichts half gegen das Asthma. Doch der Holunder ist ein großer Geschichtenerzähler und

er verfügt über heilende Kräfte. Immer wieder bin ich zu ihm gegangen, es war mir eine Wonne, ihn zu berühren, mich an ihn zu lehnen. Seine Rinde ist selbst im tiefsten Winter warm. Er ist unverwüstlich und treibt immer wieder aus, auch wenn er vom Förster schonungslos zurückgeschnitten wird. Der Holunderbaum forderte mich über Monate hinweg auf, mit ihm zu atmen. Ich atme aus und er atmet ein. Er atmet aus und ich atme ein … In einem immer wiederkehrenden Kreislauf. Wir brauchen einander. Nach einiger Zeit war mein allergisches Asthma dank dieser Atemübungen kaum mehr vorhanden. Die tiefe Verbundenheit zu diesem Baum hat mich so erfüllt, dass ich mit meinem bewussten Ausatmen allen Bäumen für die reine und reinigende Luft danke. Selbst in der Stadt spüre ich mein Asthma so gut wie nicht mehr. Und sollte mir doch mal wieder der Atem stocken, dann verbinde ich mich mit einem Baum in der Nähe, und diese Verbundenheit lässt mich wieder tief ausatmen.

Bei unserer nächsten Übung handelt es sich um eine Meditationsübung; sie soll dich erfahren lassen, dass die Naturkräfte dein Handeln niemals bewerten und dass sie dich seit ihrer Zeugungssekunde begleiten.

ÜBUNG: ERD-MEDITATION

Diese Meditation kann sowohl im Freien als auch in geschlossenen Räumen durchgeführt werden. Such dir zunächst sorgfältig einen Ort aus, an dem du möglichst ungestört bist und nicht abgelenkt wirst. Nimm eine bequeme Sitzhaltung ein, in der du etwa zehn Minuten bleiben kannst, ohne dich unwohl zu fühlen oder Schmerzen zu haben. Schließ die Augen und mach dir bewusst, wo du gerade bist und was du tust. Nimm all deine Empfindungen einfach wahr, ohne sie zu bewerten.

Atme tief aus und warte, bis das Einatmen wieder von alleine kommt.

Spüre in dich hinein und mach dir bewusst, dass du mit dem Kopf eine Verbindung zum Himmel und mit den Füßen eine Verbindung zur Erde hast.

Atme tief aus.

Fühle, wie das Ein- und Ausströmen der Luft deine Brust hebt und senkt. Langsam strömt die Luft in dich hinein und wieder aus dir hinaus. Ganz natürlich. Das ist schon so seit deiner Geburt, seitdem du deinen ersten Atemzug getan hast. Du bist mit jedem Atemzug mit der Luft verbunden. Die Luft bewertet dich nicht.

Atme tief aus.

Widme deine Aufmerksamkeit jetzt deinem Blut. Fühle, wie es in dir fließt und alle Regionen deines Körpers erreicht. Alles in dir ist in Bewegung. Schon immer ist das so. Das Blut bewertet dich nicht.

Atme tief aus.

Richte deine Aufmerksamkeit jetzt auf deine Füße und fühle den Boden unter dir. Spüre die Verbindung zur Erde. Die Erde nährt und trägt dich seit deiner Geburt auf all deinen Lebenswegen. Die Erde bewertet dich nicht.

Atme tief aus.

Und jetzt betrachte das Licht des Tages. Nimm wahr, wie die Lichtverhältnisse sind. Seit deiner Geburt scheint die Sonne für dich – an jedem Tag. Die Sonne bewertet dich nicht.

Atme tief aus.

Nun kommst du langsam mit der Aufmerksamkeit im Raum an.

Wie fühlt es sich für dich an, wenn dein Da-Sein keiner Bewertung, keiner Schuldzuweisung und keinem Leistungsdruck unterliegt?

Möchte man eine lebendige Naturerfahrung machen, sollte man dafür grundsätzlich aus dem Haus gehen, das Büro verlassen oder aus dem Bus aussteigen. Denn um die Natur in ihrer allumfassenden Schönheit zu erblicken, braucht es einen Verbindungsaufbau, der nur mit allen unseren Sinnen gelingt. Sei also sensitiv und aufnahmebereit. Nimmst du den Duft der Natur in den unterschiedlichen Jahreszeiten war? Hörst du den Wind rauschen? Wurde deine Haut heute von Sonnenstrahlen, von Regen oder Kälte berührt?

ÜBUNG: BETRACHTE EINEN MIKROKOSMOS

Diese einfache Übung dient dazu, die Schönheit und Lebendigkeit in kleinen Dingen zu entdecken und bewusst wahrnehmen zu können. Denn: Leben ist überall, Natur ist überall. Diese Übung eignet sich übrigens auch sehr gut für Kinder – lass dich von ihrem Staunen und ihrer Neugierde anstecken. Also: Auf geht's zu einer kleinen Entdeckungsreise.

Leg dich bäuchlings auf eine Wiese, auf ein Stück Rasen, mag es auch noch so klein sein. Streiche das Gras ein wenig auseinander und beobachte das Bodenleben. Falls du ein Vergrößerungsglas hast, nimm es zur Hand. Wie viel Leben kannst du entdecken? Nimm dir Zeit, schau genau hin ... Auf den ersten Blick kann einem dieser Mikrokosmos unscheinbar und wenig bedeutsam erscheinen, aber er steckt voller Leben. Hast du einen Regenwurm entdeckt? Wusstest du, dass in gesunder Erde pro Hektar 2500 bis 3000 Kilogramm Regenwürmer leben, die pro Jahr rund 600 Tonnen hochwertigsten Humus produzieren?

AFFIRMATION

»Ich bin Natur und mit allem verbunden.«

KAPITEL 2

MIT DER NATUR KOMMUNIZIEREN

Vor lauter Lauschen und Staunen sei still,
du mein tieftiefes Leben;
daß du weißt, was der Wind dir will,
eh noch die Birken beben.

Und wenn dir einmal das Schweigen sprach,
laß deine Sinne besiegen.
Jedem Hauche gieb dich, gieb nach,
er wird dich lieben und wiegen.

Und dann meine Seele sei weit, sei weit,
daß dir das Leben gelinge,
breite dich wie ein Federkleid
über die sinnenden Dinge.

Rainer Maria Rilke, Frühe Gedichte

WIE KANN ICH MIT DER NATUR KOMMUNIZIEREN?

Der Mensch hat die Fähigkeit, mit all seinen Sinnen zu kommunizieren. Düfte erregen seine Aufmerksamkeit. Er kann durch Berührung Kontakt aufnehmen. Das Sehen ermöglicht eine stille Verständigung. Das Hören verleiht ihm eine Fülle an Aufnahmefähigkeit, offenbart verschiedenste Klänge und Laute. Sein Körper drückt sich durch seine Haltung aus und seine Wahrnehmung dient als Antenne seiner Gefühle. Die Sprache schenkt ihm eine einfache und unkomplizierte Verständigung mit anderen Menschen.

Mit allen diesen Gaben können wir unseren inneren Welten und Befindlichkeiten nach außen hin Ausdruck verleihen. Jeder Mensch erschafft sich seine

Realitäten, und alles in dieser Welt fußt auf Kommunikation. Die Welt ist nicht so, wie wir sie oberflächlich sehen; wenn wir sie nur mit rationalem Verständnis zu begreifen versuchen, betrachten wir nur eine Hälfte eines Kreises. Doch wir verfügen über die Fähigkeit, unsere Wahrnehmung über unseren analytisch geschulten Verstand hinaus zu trainieren und dadurch auf andere Weise zu kommunizieren. Dafür braucht es ein sinnliches Einlassen auf die Mitwelt. Nehmen wir mit unseren Sinnen Signale der Außenwelt wahr, dann erschaffen wir damit eine Realität, die nicht nur im Geiste stattfindet, sondern unmittelbar an und mit unseren Körpern wahrgenommen werden kann. Alles in mir besitzt die Fähigkeit, mit der Umwelt in Kontakt

zu treten. Jede Berührung eines Objektes ist *Kontakt*. Berühre ich die Spitze eines Blattes, dann bin ich der bewusste Sender, ich signalisiere Kontaktbereitschaft – und der Baum kann als Empfänger mit allen seinen Ausdrucksmöglichkeiten antworten. Das, was der Baum mir als Antwort geben kann, ist jedoch abhängig von meiner Fähigkeit der In-

terpretation. Vielleicht stelle ich fest, dass das Blatt durch den Wind bewegt wird, während ich es berühre. Blätter haben die Fähigkeit, die Starrheit der Bäume aufzulösen. Welche Form hat dieses Blatt? Was bringt diese Form für mich zum Ausdruck? Was erkenne ich in ihm? Vielleicht wohnen auf diesem Blatt Insekten und ich berühre nicht nur ein Blatt.

Oder: Wann immer ein Feuer brennt, sei es ein Kerzenlicht, sei es ein gemütliches Kaminfeuer oder ein wild flackerndes Lagerfeuer, macht es etwas in uns und mit uns: Es kehrt ein Zustand von Ruhe ein und die Kommunikation wird nach innen gerichtet. Geschichten werden erzählt und man fängt an, mit dem Herzen zu lauschen. Wir lassen uns verzaubern von den Bewegungen der Flammen und erkennen Strukturen und Formen in der Glut. Das Feuer wärmt uns und macht Speisen für uns bekömmlicher – auch das ist Kommunikation.

ALLES IST IN VERBINDUNG – IMMER

Alles in der Natur ist Kommunikation. Es gibt keine Sekunde, keinen Moment des Stillstands in der Natur. Und auch keine Stille – selbst wenn es uns so vorkommen mag, wenn wir aus der lärmigen Stadt in die Natur kommen. Am Tage, von der Morgendämmerung bis zur Abenddämmerung, ist alles in der Natur in Bewegung. Ein Prozess der ständigen Veränderungen. Die Pappel zappelt bei jedem Windhauch. Tannen und Buchen knacken. Eichen werfen alte, abgestorbene Äste ab. Die Vögel singen während der Balz, und bei der Fütterung der Jungvögel ist erst recht nicht an Stille zu denken. Der Eichelhäher schlägt sofort Alarm, sobald Gefahr droht, und warnt damit die anderen Waldbewohner. Insekten zirpen bei Anbruch der Abenddämmerung. Mücken sind im Freien genauso laut wie im Zimmer. Und während der Nacht? Kehrt dann Ruhe ein? Nachtaktive Tiere wie Füchse, Wildschweine oder Igel – sie sind alles andere als leise. Niemals kehrt Stille ein an einem Strand, die Wellen des Meeres rauschen unentwegt heran. Und in der Sahara sprechen die Einheimischen von sieben verschiedenen Winden, die zu hören sind. Die Natur erzeugt einen Klang. Wer eine Nacht ohne Zelt und Ohrenschutz im Freien verbringt, wird schnell merken, dass die Nacht ein wahres Konzert an Geräuschen bereithält. Diese Geräusche empfinden wir keineswegs als störend. Wir empfinden sie als wohltuend, ganz im Gegensatz zu Straßenverkehr, Dauerberieselung durch Musik, brüllender Menschensprache, dem Lärm von Industriemaschinen oder lautem Schifffahrtsverkehr. Am Lagerfeuer zu sitzen und das Knacken des Feuers zu hören, empfinden wir als beruhigend. Der laute Schrei eines Bussards hoch oben am Himmel fordert sofort unsere (positive) Aufmerksamkeit. Naturklänge empfinden wir meist als angenehm, was nicht verwunderlich ist, wenn man bedenkt, dass unser Körper und Geist sich in den letzten 1000 Jahren kaum verändert haben und die Naturgeräusche für uns seit jeher die vertrautesten sind.

Jedes der vier Elemente – Feuer, Wasser, Luft und Erde – erzeugt einzigartige

Töne. Hält man sich länger im Freien auf, wird man feststellen, dass jedes Tier in freier Wildbahn eine andere Tageszeit hat, in der es aktiv ist. Schmetterlinge tanzen gerne in der Mittagszeit durch die Luft. Amseln dagegen zeigen sich lieber vormittags oder nachmittags. Und die Art der Kommunikation der Tiere ist so unterschiedlich wie die Natur selbst. Von Ameisen wissen wir, dass sie sich über Düfte verständigen. Bienen machen sich untereinander durch ihre Körpersprache verständlich, sie vollführen einen bestimmten einzigartigen Tanz. Naht ein Sturm heran, dann ist es oft verdächtig still, dann ist Rückzugszeit. Die Gesamtnatur ist wie ein großer Fluss – stetig am Fließen und miteinander kommunizierend, durch Klänge, Farben, Düfte, Strukturen und Bewegungen. Alles schwingt, sendet oder empfängt Informationen.

Die Tierwelt kommuniziert natürlich auch mit uns, das nehmen mittlerweile immer mehr Menschen bewusst wahr. Warum auch nicht, wir sind ja ein Teil dieser Gesamtnatur. Menschen, die mit einem Haustier leben, machen diese Erfahrung täglich. Die Frage, ob auch Pflanzen mit uns kommunizieren können, weckte auch das Interesse der Forscher. Neu ist das nicht: Jeder kräuterkundige Mensch weiß um die Kommunikation zwischen Pflanze und Mensch. Treten wir in Kontakt mit der Pflanzendeva, dem Geist der Pflanze, ihrer Seele, dann finden wir in dieser Kommunikation Antworten auf viele Fragen: Wo wächst die Pflanze? Und zu welcher Jahreszeit am liebsten? Welche Bodenbeschaffenheit benötigt sie, um gedeihen zu können? Welche Heilkraft vermittelt sie? Wächst die Pflanze alleine oder in Gruppen? Wie ist ihre Form, ihre Farbe, ihr Geschmack? Diese Kommunikation bedeutet auch Hinsehen, Riechen, Fühlen, Schmecken und hat letztendlich das Ziel, die Pflanze in ihrer Gesamtheit zu betrachten und zu entdecken. Ist die Pflanze bitter, süß, sauer, trocken, feucht, scharf, schleimend? Hat die Pflanze in ihrer Signatur, zum Beispiel in ihrer Form, eine Ähnlichkeit mit Organstrukturen, so wurden ihr Heilkräfte zugesprochen. Eine Bohne beispielsweise ähnelt in ihrer Form unseren Nieren. Oder eine Walnuss ist verblüffend ähnlich mit der Organstruktur unseres Gehirns. Heute wissen wir, dass die Walnuss Omega-3-Fettsäuren enthält, die wichtig sind für den Hirnstoffwechsel. Das Blatt der Alchemilla vulgaris (Frauenmantel) ähnelt dem weiblichen Schoß und wird bei Frauenleiden eingesetzt. Als weitere Signaturen gelten Geruch, Geschmack, Farbe, Gestalt, Struktur, Beschaffenheit, Standort, Wachstumsphase und Lebensdauer.

Dabei ist es wichtig, mit dem Herzen zu verstehen. Es findet ein scheinbar verborgener Informationsaustausch zwischen uns und einer Pflanze statt. Die Pflanze spricht mit uns, nicht im eigentlichen Sinn, sondern abstrakt, über sinnliche Kanäle. Und wir müssen sensibel und aufnahmebereit für die Informationen der Pflanze sein. Unsere Wahrnehmung hat die Fähigkeit, aus Gestalt, Form, Farbe, Geruch und Geschmack einer Pflanze ihr Wesen zu erkennen. Ein kleines Beispiel: Jeden Sommer sammle ich die Blüten des Johanniskrauts. Hält man ein Blatt dieses Krauts gegen das Licht, erkennt man Hunderte von kleinen Löchern darin. Das Blatt lässt die Sonne hindurch. Das Johanniskraut ist somit eine lichtbringende Pflanze, die als

natürliches Antidepressivum eingesetzt werden kann. Nämlich dann, wenn es der Seele an Licht mangelt.

Die Kommunikation der Pflanzen untereinander findet nicht durch solche Laute statt, wie sie uns Menschen vertraut sind. Es wurde herausgefunden, dass Pflanzen über ihr Wurzelwerk miteinander kommunizieren. Und zwar weit umfangreicher, als wir uns das vorstellen können. Sie alarmieren sich untereinander, wenn eine Bedrohung durch Fressfeinde akut ist. Sie rufen bei Schädlingsbefall bestimmte Insektenarten zu Hilfe, registrieren diverse Abweichungen in ihrer Umwelt (Schadstoffe etc.) und teilen diese ihren Nachbarn mit. Als »Sprache« verwenden sie einerseits bestimmte Duftstoffe, andererseits chemische Botenstoffe, elektrische Signale und – wie erst vor Kurzem entdeckt – auch einen Morsecode feiner Klickgeräusche in ihren Wurzeln.[2]

Inzwischen kennt man mehr als 2000 Duftstoffvokabeln aus 900 Pflanzenfamilien, die zusammen eine »Sprache der Pflanzen« bilden. »Wood Wide Web« wird sie von den Forschern genannt. Sie gehen davon aus, dass die Wurzeln der Pflanzen ein riesiges, die Erde umspannendes Kommunikationsnetz bilden. Dabei spielt das Pilzgeflecht eine entscheidende Rolle, das ähnlich unserem Nervensystem Informationen weitergibt.

Was bedeutet das für uns? Man muss ein aufmerksamer Beobachter und Zuhörer sein!

Die verführerischen Düfte der Pflanzenwelt sind nicht nur für Insekten betörend. Der Duft einer Rose hat die Kraft, jeder Frau ein Lächeln ins Gesicht zu zaubern – Männern natürlich auch! Der Klang einer Drossel kann uns zu Tagträumen verleiten. Man braucht kein großes analytisches Wissen, um sich die Sprache der Natur zu erschließen. Sie ist für uns Menschen einfach zu verstehen, denn sie bedient sich derselben Symbole wie unsere Seelen. Es gibt Menschen, die in der Lage sind, mit einem Baum zu kommunizieren, während andere mit Elementarwesen wie Kobolden, Feen, Zwergen, Gnomen, Elfen, Feuertrollen und Nymphen in Kontakt treten können. Manch einer hat auch die Fähigkeit, die Aura-Felder der Tier-und Pflanzenwelt zu sehen. Solche hochsensitiven Menschen sind entweder von Natur aus auf diesem Gebiet begabt oder sie haben jahrelange Schulungen hinter sich, um solche Fähigkeiten zu entwickeln.

Entscheidend aber ist, dass jeder von uns lernen kann, sich auf die Sprache der Natur einzulassen! Ich rede nicht davon, dass wir uns mit Tierlauten bemerkbar machen oder das Zwitschern der Vögel übersetzen. Es geht mir um eine sensitive Verbindung mit der Natur – um eine Kommunikation mit unserem natürlichen und archaischen Lebensraum –, in der wir Antworten auf unsere Fragen bekommen können. Eine schöne Redewendung lautet: »Wie du in den Wald hineinrufst, so schallt es zurück.« Die Wildnis dient als Echo unserer Empfindungen.

Die Natur drückt sich uns gegenüber in Symbolsprache aus. Diese Symbole können wir erkennen lernen, um die für uns richtigen Assoziationen abzuleiten. Symbole können alles sein: Federn, Stacheln, Knochen, Steine oder die Form eines Astes. Unzählige Formen und Farben haben symbolische Bedeutung. Rot zum Beispiel signalisiert meist Gefahr, viele giftige Pflanzenarten wie die Tollkirsche oder der Fliegenpilz geben uns durch diese Farbe das Alarmsignal »STOPP! Nicht essen!«. Symbole in der Natur können uns als Wegweiser dienen. Ihre Bildersprache ist universell verständlich – ein lächelndes Gesicht wird auf der ganzen Welt verstanden, ebenso die Herzform oder ein Kreis. Die Auseinandersetzung mit den Symbolen in der Natur kann uns helfen, *hinter* die Dinge zu sehen. Das Wort »Symbol« stammt übrigens aus dem Griechischen: Das Verb *symballein* bedeutet »zusammenwerfen« oder »zusammenfügen«.

ÜBUNG: ERKENNE DIE SYMBOLE

Geh hinaus, durch deine vertraute, alltägliche Umgebung. Was nimmt deine Aufmerksamkeit als Erstes in Anspruch, wenn du aus der Haustür gehst? Fällt dein Blick als Erstes auf den Boden oder hoch zum Himmel? Was siehst du? Geh so lange weiter, bis du etwas siehst, das dich berührt. Nimm wahr, was genau dich gerade berührt. Erinnert dich dieses Bild an etwas? Mit welchen Gedanken warst du beschäftigt, als du aus dem Haus gegangen bist? Was machen diese Gedanken mit dir?

Je regelmäßiger du übst, dich achtsam in deiner Umwelt zu bewegen, umso mehr kann es dir gelingen, dich selbst besser kennenzulernen. Lass dich emotional auf deine Umgebung ein und beobachte, was mit dir geschieht. Bitte die Natur um Unterstützung! Nehmen wir an, du findest am Wegesrand einen Stein in Form eines Herzens, einen sogenannten Herzstein. Was könnte er bedeuten? Ist dein Herz versteinert? Ist dein Herz zu dicht? Leidest du an einer Herzerkrankung? Könnte er ein Hinweis darauf sein, dass du mehr auf dich selbst achten solltest? Tritt die Liebe in dein Leben? Welche Verbindung hast du zu deinem Herzen? Vielleicht bedeutet dir dieser Stein aber auch nichts und dementsprechend fühlst du auch rein gar nichts. Letztendlich hat deine Achtsamkeit diesen kleinen Stein am Wegesrand gefunden, jetzt musst du entscheiden, was dieses Symbol in deine Welt gesendet haben könnte. Wer kennt es nicht, dass man etwas in der Natur findet und die Struktur und Form des Fundstücks rufen eine Erinnerung wach? Das Gedankenkarussell dreht sich und man sucht angestrengt nach einer Lösung, und im selben Moment, in dem sich diese zeigt, findet man etwas, das genau diesen Gedankengang symbolisiert.

Manchmal, wenn Patienten zu mir in die Praxis kommen, bitte ich sie, zunächst in die Natur zu gehen und nach etwas – einem Symbol – zu suchen, das ihre Gedanken bildlich und greifbar darstellen kann. Das hat den Vorteil, dass ihr Innenleben nach außen getragen wird und nicht nur abstrakt in ihrem Kopf stattfindet. Mir als Therapeutin kann dieses Symbol, das meine Patienten mir bringen, eine Hilfe sein, um zu verstehen, was in ihnen vorgeht, noch bevor sie einen Anamnesebogen ausgefüllt haben.

An einem warmen Sommertag hatte eine Frau den Weg zu mir gefunden und ich bat sie, hinauszugehen. Wir hatten nicht viele Worte im Vorfeld gewechselt. Als sie zurückkam, brachte sie mir weinend ein Stück Rinde mit. Welche Bedeutung hatte dieses Symbol? »Ich möchte sichtbar werden«, sagte sie, »ich fühle mich so häufig nicht gesehen! Ich fühle mich nicht wohl in meiner Haut. Ich traue mich nicht, mich nach außen hin zu zeigen.« Das Vertrauensverhältnis zwischen uns war sofort da. Die Frau trägt das kleine Stück Baumrinde heute immer bei sich, es ist ihr eine Stütze, wenn sie ganz präsent sein muss und will.

Die Natur offenbart sich, Pflanzen und Tiere kommen zu uns, wenn sie gebraucht werden. Man kann wochenlang an einem Baum vorbeigehen, ohne ihn sonderlich zu betrachten, aber plötzlich eröffnet sich in genau diesem Baum die passende Botschaft, die uns in der bestimmten Situation hilft. Die Symbolsprache ist Teil unseres Unterbewusstseins, und genau auf dieser Ebene antwortet uns die Natur. Alles kann, wie ich bereits schrieb, als Symbol dienen: ein rieselndes Sandkorn, ein Grashalm, ein einsamer Regenwurm, der Flug eines Adlers, die Form eines Flusses.

Die Kommunikation mit Symbolen ist eine Sprache ohne Grenzen. Leider ist unser Wissen um diese Symbolsprache, unser intuitiver Umgang mit ihr, vielfach verloren gegangen, oder wir trauen uns einfach nicht mehr zu, Symbole zu erkennen und zu deuten. Sicherlich auch deshalb, weil wir es verlernt haben, unseren Blick einfach mal schweifen zu lassen, und wir stattdessen zu stark auf die Dinge unseres Alltags – wie zum Beispiel Smartphones – fixiert sind.

EIN TOTER BAUM VOLLER LEBEN

Wenn ich ein Problem mit mir herumtrage, wenn ich einen inneren Prozess durchmache und keine Antworten finde, gehe ich in den Wald und bitte um ein Zeichen, das ich greifen und begreifen kann und das mir meine Situation verständlich macht. Manchmal begleiten mich am Anfang eines solchen Findungsprozesses auch Freundinnen, irgendwann trennen wir uns allerdings für eine Stunde, sodass jede von uns Zeit für sich hat, in der Waldwildnis Antworten zu finden. Zum Beispiel darauf, was wichtig sein könnte für einen Heilungsprozess.

Bei einem dieser »Ausflüge« zog es mich von meinem Waldhaus hin zu einem toten Baum. Erst war mir ein wenig mulmig zumute, doch mir wurde bald bewusst, dass gerade dieser Baum meine damalige Lebenssituation repräsentierte. Ich hatte mich von meinem Partner getrennt, war durch schwere Krankheitsprozesse gegangen und es fühlte sich für mich so an, als sei ein Lebensplan gescheitert, am Absterben. Dieser tote Baum berührte mich, trotz seines Zustands stand er voller Hingabe da und

wirkte stolz. Um ihn herum wuchsen kräftige Eichen und Buchen. Die Lebendigkeit dieser anderen Bäume aber fand keinen Widerhall in meiner Seele. Stattdessen setzte ich mich zu Füßen des toten Baums, lehnte mich an seine Rinde und bat ihn, mir verstehen zu helfen, was ich zu lernen hatte. Als Erstes spürte ich, dass der Baum mich aufforderte, ihn anzuschauen, anstatt den Blick in die Weite schweifen zu lassen. Das war die erste Erkenntnis: Wende den Blick nach innen und nicht nach außen. Die zweite lautete: Je länger ich ihn beobachtete, desto deutlicher merkte ich, wie lebendig dieser Baum noch war, obwohl er zerfiel. Überall befanden sich Insekten, sie wirkten fröhlich darüber, eine gemütliche Behausung und Nahrung gefunden zu haben. Bei genauerem Hinsehen sah ich, dass der Baum nur zum Teil am Absterben war, die Wurzeln und der untere Teil seines Stammes wirkten noch kräftig und lebendig. Dieser Anblick berührte mich sehr, weil ich dadurch fühlte, dass es mir ähnlich ging. Nur ein Teil in mir war am Absterben, mein Fundamt aber war unberührt und kräftig. Als ich die Rinde betastete, löste sich ein Teil; es hatte die Form eines Flügels – nicht perfekt geformt und voller Löcher. In diesem Moment erkannte ich die Antwort, die mir die Natur auf meine Lebenssituation schenkte: Ich hatte mich meiner Freiheit beraubt, meine Flügel hatten durch die Krise und das Ende meiner Beziehung

Löcher bekommen. Ich war einem Lebenskonzept gefolgt, von dem ich dachte, es müsste funktionieren, es sei »normal« und richtig für mich. Ich glaubte zu dieser Zeit, ich müsse mich Konventionen hingeben, um eine scheinbare Normalität zu wahren. Mann, Kind, Hund und Haus – das, wonach so viele Menschen streben, hat mich krank gemacht. Ich wurde krank, weil ich mich von mir entfremdet hatte. Diese Antwort wurde mir so klar und deutlich dort mitten im Wald vermittelt und weckte so viel Lebenskraft in mir, dass der Trennungsprozess sich in einer Feier der Lebendigkeit äußerte.

Auch meine Freundinnen, die an diesem Tag mit mir im Wald unterwegs waren, bekamen Antworten auf ihre ganz individuellen Fragen. Eine von ihnen fand einen alten Knochen. Er war so geformt, dass sie durch ihn gucken konnte, er sah aus wie ein Auge. Entzückt sagte sie: »Es liegt nur an mir, dass ich vieles als so anstrengend erlebe! Was ich brauche, ist ein Perspektivwechsel.« Eine andere Freundin brachte einen Brombeerzweig aus dem Unterholz mit. Voller Tränen in den Augen sagte sie: »Mir fehlt es, piksig und stachelig zu sein. Ich bin immer viel zu nett.«

Zuweilen kommen Antworten ganz unerwartet. An einem Morgen wachte ich mit einem traurigen Herzen auf. Ich konnte nicht genau fassen, woher diese

Trauer über Nacht gekommen war. Es gab keinen äußeren Anlass. Am Nachmittag saß ich in einem Raum und vor meinen Augen seilte sich eine Spinne an ihrem hauchdünnen Faden ab. Ich beobachtete diese Spinne und staunte, mit welcher Leichtigkeit sie sich bewegen konnte, aber irgendetwas stimmte nicht mit ihr. Und dann sah ich es: Sie besaß nur sieben Füße und konnte sich dennoch so anmutig in Balance bewegen. Sie war eine verwundete Spinne und hatte trotzdem ihr Gleichgewicht bewahrt. Mir liefen auf einmal die Tränen herunter und ich wusste, ich bin eine verwundete Heilerin und Frau und habe mir dennoch mein Gleichgewicht bewahrt. Die Narben, die ich seit meiner Kindheit davongetragen habe, bleiben – an manchen Tagen sind sie wetterfühlig, was die rätselhafte Trauer an dem Morgen erklärte. Ich dankte der Spinne für dieses Bild und diese Einsicht. Egal welche Verletzungen wir erfahren, es ist trotzdem möglich, das Gleichgewicht zu finden und uns in Anmut in unserem Leben zu bewegen. Es gibt immer Wege für eine Heilung.

Was ich dir damit sagen möchte: Finde *deine* Antworten. Die Antworten auf *deine* Fragen sind so einzigartig und individuell wie du selbst. Das Wissen darum, diese Antworten zu finden und sie zu erkennen, ist in dir gespeichert. Es braucht eine Erinnerung und einen Lernprozess des »Erinnertwerdens«. Lass dich ein auf das Wissen deines Herzens und die Weisheit der Natur. Folge den Hinweisen und Symbolen, lass sie zu und überprüfe ganz für dich selbst deren Botschaften. Behalte im Herzen, was dich stärkt, und lass es wirken. Sei selbstverantwortlich. Trau dich und vertraue dir! Wenn du Antworten nicht gleich findest, dann wertschätze die Fragen und gewinne sie lieb! Die Fragen halten dich lebendig.

ÜBUNG: WIE FINDE ICH DIE HEILSYMBOLIK?

Mit dieser Übung kannst du lernen, Antworten auf Fragen zu finden, die dich innerlich bewegen. Wichtig ist, dass die Frage klar und deutlich formuliert wird. Bitte formuliere nur »W«-Fragen. Zum Beispiel: *Wie* kann ich besser für meine Gesundheit sorgen? *Was* kann mich unterstützen in diesem Prozess? *Welche* Kräfte brauche ich als Unterstützung?

Geh ins Freie und mach eine kleine Wanderung. Nimm dir etwa eine Stunde Zeit, schalte dein Mobiltelefon auf Flugmodus und gönn dir eine Auszeit, in der du mit keinem Menschen kommunizierst. Bitte iss und trink in dieser Zeit nichts. Werde dir deiner Absicht klar. Formuliere so genau wie möglich, in welchem Belang du um Heilung bitten möchtest. Diese Übung kannst du direkt von der Haustür an beginnen, oder du unternimmst dafür einen kleinen Ausflug zu einer Grünfläche, die dich anspricht und auf der du dich wohlfühlst. Bewege dich langsam und achtsam. Wo zieht es dich hin? Was spricht dich an? Sobald du dich unwohl fühlst, nimm wahr, warum das so ist, und geh so lange weiter, bis ein Wohlbefinden einsetzt. Du kannst das Wetter, die Pflastersteine oder jeden Baum auf deinem Weg fragen. Spiel mit der Frage und bitte die Natur um eine verständliche Antwort. Beobachte sie aufmerksam. Das Gesetz der Resonanz wird dir eine Antwort geben!

Was bedeutet Resonanz? Mitschwingen! Ein Beispiel: Im Park steht eine Statue. Einige Spaziergänger bleiben bewundernd stehen und erfreuen sich an ihr. Andere finden sie abstoßend. Wieder andere gehen achtlos an der Statue vorbei und nehmen sie erst gar nicht wahr. Die ersten beiden Gruppen sind in positiver oder negativer Resonanz, die anderen haben keinerlei Bezug.

Manchmal braucht es eine Weile, bis die Antwort auf deine Frage kommt, daher ist es ratsam, diese Übung mit derselben Ausgangsfrage häufiger zu wiederholen. Vielleicht schenkt die Natur dir eine Kleinigkeit – sei es ein Ast oder eine Feder –, dann hast du eine Erinnerung an diese Erfahrung.

Alles, was du in der Natur findest, will gefragt werden, ob es mitgenommen werden möchte. Ein »Ja« kann sich durch eine Gänsehaut oder ein warmes Gefühl äußern! Ein »Nein« zeigt sich meist dadurch, dass etwas nicht von alleine abfällt oder du dich schlecht fühlst, wenn du das Gefundene einfach mitnimmst. Bitte hinterlasse *immer* ein Dankeschön: Das kann ein Gebet, ein Lied, eine Haarsträhne, ein Heilstein oder ein Kuss sein. Pflanzen mögen es nicht, mit Metall in Berührung zu kommen. Schneide wenn möglich nichts von einer Pflanze ab und verlass den Ort so, wie du ihn vorgefunden hast.

AFFIRMATION

»Ich vertraue mir und meiner Wahrnehmung.
In mir ist die Fähigkeit, mit allen meinen Sinnen zu kommunizieren.«

KAPITEL 3

DIE WILDNIS IN DIR

Ich habe mein Ohr an das Herz
der Erde gelegt.
Sie hat mir von der Liebe zwischen sich
und dem Regen erzählt.
Ich habe mein Ohr an das Herz
des Wassers gelegt.
Es hat mir von der Liebe zwischen sich
und seinen Quellen erzählt.
Ich habe mein Ohr an das Herz
des Baumes gelegt.
Er hat mir von der Liebe zwischen sich
und seinen Blättern erzählt.
Als ich mein Ohr an das Herz
der Liebe selbst gelegt habe,
hat sie mir von der Freiheit erzählt.

Sherko Bekas

DIE WILDNISSE DER ERDE

Die vorangegangenen Kapitel führten uns zu zwei wichtigen Erkenntnissen: Der Mensch ist Teil der Natur und er besitzt die Fähigkeit, mit ihr zu kommunizieren. Aber es tun sich weitere Fragen auf: Was können wir von der *unberührten* Natur lernen? Was ist der Unterschied zwischen Natur und Wildnis? Und wie können wir die Wildnis in uns erfahren und spüren?

Wenn wir von Wildnis sprechen, dann assoziieren wir damit Unberührtheit, Urwald, Dschungel, Einöde, Chaos. Wildnis steht für unbeherrschbares und freies Naturgeschehen. In ihrer Ursprünglichkeit ist die Natur wild. Haben wir als Mensch sie geformt oder gestaltet, dann ist sie zwar nicht mehr wild, bleibt aber dennoch Natur. Ein einfaches Beispiel dafür ist der Unterschied von Haus- und Nutztier zum Wildtier. Ein Hausschwein ist natürlich Teil der Natur, aber es lebt nicht ursprünglich wild wie ein Wildschwein, sondern hat seine Lebensweise angepasst. Der Wolf ist wild, der Hund nicht. Genauso gibt es wildwüchsige oder gezüchtete Pflanzenarten. Aber noch mal einen Schritt zurück: Die wilde Natur ist also autonom und ungezähmt. Die Wildnis in uns ist es ebenso.

Wildnis finden wir nicht nur in den einsamen Regionen der Erde, sondern unmittelbar bei jedem Gang aus der Haustür. *Wildnis* unterliegt dem Freiheitsbegriff: Immer dann, wenn wir etwas nicht beeinflussen können oder wenn etwas unvorhersehbar und unplanbar, unkalkulierbar ist, dann ist es *wild*. Betrachten wir beispielsweise einen Regentropfen. Wir können erfassen, dass er aus Wasserstoffmolekülen besteht, aber wann oder wo er sich bildet, unterliegt dem Wildnis-Prinzip. Es ist unmöglich zu errechnen, wo ein Tropfen im nächsten Augenblick auftreten wird. Unbeeinflussbar ist der Wind, ist das Meer. Treffen Wasser und Wind zusammen, kann jeder Wellengang als wilder Vorgang betrachtet werden.

Gehe ich davon aus, dass Wildnis eine weitgehend unbeeinflusste Naturlandschaft ist, in der der Mensch noch keine Spuren hinterlassen hat, dann finden wir eine solche Wildnis nur noch auf rund einem Drittel bis einem Viertel der Landoberfläche der Erde.[3] Aus ökologischer Sicht bedeutet Wildnis eine Gegend mit einem intakten Naturhaushalt (Ökosystem). Landschaften, die sich selbst erhalten können und sich durch geschlossene Stoffwechselkreisläufe dauerhaft selbst regulieren. Polargebiete, Tundren, Wüsten, alpines Hochgebirge, Steppen und tropische Savannen, Regenwälder und die Tiefsee kann man alle als ursprüngliche Wildnis bezeichnen, in der sich Tiere und Pflanzen ungestört in ihrem Lebensraum entfalten können. Diese Lebensräume sind unbedingt schützenswert, sie sind bedeutend für die Erhaltung der Artenvielfalt.

Menschliche Kulturen, die sich in diese Ordnung eingefügt haben und im Einklang mit dem Ökosystem leben, wer-

den als indigene Völker bezeichnet. Diese wenigen Völkergruppen besitzen eine tiefe Naturspiritualität. Sie sind so stark mit der Natur verwurzelt, dass sie keine Auseinandersetzung mit dem Begriff der Wildnatur brauchen – im Gegensatz zu den Gesellschaften der Industrieländer. Für indigene Völker ist alles belebt, die Erde ist ihre große Mutter und der Himmel ihr Vater. Alles steht in verwandtschaftlicher Beziehung zueinander. Die Tiere sind mit dem Menschen verwandt, genauso Steine oder Bäume. Es gibt in dieser Betrachtung keine Wertungen wie besser, wertvoller oder schlechter; alles hat seinen Platz, seine Rolle und birgt eine Medizin in sich. In diesen Kulturen existiert keine Entfremdung von Mensch und Natur. Die Rolle als Naturwesen hat es den indigenen Völkern ermöglicht, sich ihre Lebensweise über Jahrtausende zu bewahren. Mit viel Geschick und Kenntnis pflegen und hegen sie ihr Land, weil es ihnen heilig ist. Für sie gibt es keine *Problem-Bären*, sondern einfach nur Bären, die Teil ihrer Welt sind.

Da der Begriff »Wildnis« kein naturwissenschaftlicher ist, lässt sich seine Bedeutung ausdehnen und individuell interpretieren. Was wir als äußere Wildnis wahrnehmen, findet nicht nur in entlegenen Regionen statt, sondern auch unmittelbar in unseren Städten. Eigentlich erleben wir Wildnis und wildes Leben bei jedem Schritt, den wir vor die Haustür setzen. Überall nämlich können wir *Wild*tiere sehen, in der Stadt, am Meer oder auf dem Land. Amseln, Dorsche, Spitzmäuse, Flundern, Zander, Regenwürmer, Eichhörnchen, Schmetterlinge, Möwen, Mücken, Spinnen, Frösche – unzählige weitere Tierarten ließen sich aufzählen, sie alle sind Wildtiere. Die oftmals so unbeliebte Taube hat die Vorzüge des Stadtlebens entdeckt und vermehrt sich prächtig – und lebt wild. Wer nur Bären, Wölfe und Luchse als Wildtiere definiert, verliert schnell den Blick für die unzähligen anderen Tierarten. Rehe, Wildschweine und Füchse leben, auch wenn ihr Bestand von Förstern und Jägern gezählt und eingedämmt wird, frei. Wer dem Gesang der Wildgänse im Herbst und Frühling lauscht, bekommt eine Ahnung davon, wie viele Kilometer diese Tiere frei fliegen können.

Wildnis ist somit nichts Exotisches, Wildnis umgibt uns überall.

Wir müssen nur unseren Blick schärfen, um die Fülle der Wildnis um uns herum wahrzunehmen. Und wenn wir das schaffen, lernen wir sie auch zu schätzen und eine Verbindung zu ihr aufzubauen. Es kommt also auf die Perspektive des Betrachters an: Für einen Gärtner mögen Ungeziefer und Unkraut lästige Feinde sein, die er bekämpfen muss, während für einen Kräuterkundigen das Un-Kraut eine wichtige Heilpflanze ist und das Un-Geziefer ein wichtiger Teil des Kreislaufs und des Zusammenlebens von Pflanzen und Insekten.

WAS IST DIE WILDNIS IN DIR?

Die Wildnis um uns – freie Tiere in freier Wildbahn, ungezähmte Natur – ist vom Aussterben bedroht. Und das Gleiche gilt für die Wildnis in uns – nämlich für unsere Fähigkeit, Freigeister zu sein, nicht mit allem konform zu gehen.

Die äußere Wildnis dient uns als großer Spiegel unserer innerpsychischen Prozesse. Die Wildnis *in uns* ist der intuitive, archaische Ausdruck unserer ungezügelten Seele. Die Seele selbst ist wild. Sie will sich nicht einschränken in ihrer Entfaltung. Kinder haben noch einen wundervollen Ausdruck ihrer natürlichen Wildheit in sich – sofern nicht durch strenge Erziehung Verspieltheit und Eigensinn zerstört sind. Kinder sind offen, neugierig, risikobereit, vertrauensvoll, hingebungsvoll, lebendig. Das ganze Spektrum an Emotionen – Entsetzen, Schock, Trauer, Verzweiflung, Frustration und maßlose Wut – können sie ungezügelt zum Ausdruck bringen. Kinder sind im besten Sinne wilde Wesen!

Unsere Individualität dagegen verliert sich im Laufe unserer Lebenszeit in einer globalisierten Welt, in der sich alles gleicht und einander anpasst. Die Schönheit des Individuellen verliert ihren Glanz. Aber die Wildnatur in uns folgt keinem Leben nach Konzepten. Was kann uns also die Wildnis jenseits aller Konditionierungen lehren? Wenn wir akzeptieren, dass wir wild sind, dass in uns die Wildnis verwurzelt ist, dann legen wir auch unsere Ängste vor der äußeren Wildnis ab, dann lernen wir diese zu schützen. Das Ergebnis dieses angstlosen Umgangs mit der Natur ist, dass wir beispielsweise den Wolf, der sich in unseren heimischen Wäldern wieder verbreitet, nicht mehr fürchten, sondern bestaunen und respektieren.

Begegnen wir unserer inneren Wildnis, so können sich bei jedem Schritt Knospen öffnen. Bunte Knospen voller Lebenskraft, die uns das Versprechen geben, sich bald in ihrer vollen Blütenpracht zu zeigen. Doch dafür braucht es den Wunsch, der Lebendigkeit in uns Ausdruck zu verleihen. Dieser Wunsch muss gut genährt sein und kräftige Wurzeln haben, damit er nicht beim ersten Sturm umfällt.

Immer wenn ich mich mit dem Thema Wildnatur auseinandersetze, wird mir bewusst, wie dankbar ich dafür bin, in Deutschland aufgewachsen zu sein. Sich frei bewegen zu können, seine Meinung öffentlich und unzensiert äußern zu kön-

nen, ohne dafür verprügelt, festgenommen oder hingerichtet zu werden, ist für viele Menschen in anderen Ländern dieser Welt noch immer keine Normalität.

Wenn ich im Frühling die aufsteigenden Lebenskräfte mit einem Ritual zelebriere und mich bemale, wenn ich mit Frauen unterschiedlichen Alters um ein Feuer tanze, wenn wir rasseln, singen, unkontrollierte Laute von uns geben, dann würde ich in der Heimat meiner Familie der Hexerei bezichtigt werden. Freiheit, Eigenmacht, kreative Gestaltungsmöglichkeit der Persönlichkeit sind unabdingbare Voraussetzungen, um in Kontakt mit unseren urwüchsigen Seelenlandschaften zu treten. Ich bezeichne es als Privileg, in einer Gesellschaft zu leben, in der ich nicht als latent oder akut »geistesgestört« gelte, weil ich einen Baum umarme.

Viele Menschen empfinden eine tiefe Sehnsucht nach Wildnis und haben doch gleichzeitig Angst vor ihr. Ist *wild sein* gleichzusetzen mit Verrücktheit oder Tollwut? Wirkt es für andere bedrohlich, wenn man seine Individualität herausschält? Allein das Wort »wild« wirkt alarmierend. Anarchistisch. Aber Wildheit löst auch andere Assoziationen aus: verachtet, begehrt, gefürchtet, geliebt oder verteufelt. Von der Wildnis geht trotz der ambivalenten Empfindungen eine große Faszination aus, der man sich nicht entziehen kann.

Fakt ist, dass die Wildnis keiner rationalen Kontrolle folgt. Ihre Kraft widerspricht allen Ordnungsprinzipien und lässt sich nicht in Formen pressen. Begegnen wir den wilden Anteilen in uns, kommen wir in Kontakt mit der Urkraft in uns. Diese Urkraft hat kein Konzept. Sie ist neugierig, authentisch, unabhängig, anspruchsvoll und beherzt. Sie eröffnet Räume, in denen wir erwachsen und selbstbestimmt handeln können und gleichzeitig unserer kindlichen Unschuld begegnen. In ihr ist der Ruf unserer Instinktnatur. Die Stimme unserer Intuition liegt ihr zugrunde. Sie folgt dem Impuls der Herzensweisheit. Diese Stimme kann differenzieren und hat ein sicheres Urteilsvermögen zwischen einem klaren Ja oder Nein. Hingabe ist ihre Intention, und ihre Motivation ist die pure Lebendigkeit. Nichts Halbes! Kein Leben auf Sparflamme, sondern in vollen Zügen und mit Genuss. Sich ganz und gar dem Leben hingeben mit allen Wellen der Veränderung. Ohne Zweifel, rückhaltlos. Das wachsende Verlangen in uns wird nicht durch Kampf oder Unterdrückung genährt, sondern durch Bejahung und Hingabe zum Leben.

Wer sich auf den Pfad der Wildnis begibt, läuft nicht auf gepflasterten Wegen. Unbekannte Wege werden beschritten, ohne das eigentliche Ziel der Reise zu kennen. Ohne die Antworten zu kennen, geschweige denn, sich auf ein Ziel verlassen zu können. Neuland, das vielleicht erst einmal voller Schrecken ist.

Es braucht Mut, diesen Persönlichkeitsanteilen in uns den nötigen Platz einzuräumen. Mut, sich von Mauern und Zäunen zu befreien. Mut, sich der dunklen Seite der Nacht zu stellen und am Tag aufzuwachen und sich zu fragen:

- Wonach sehnt sich meine Seele wirklich?
- Wann fühle ich mich lebendig?
- Wer bin ich?
- Was kann ich sein lassen?
- Darf ich anders sein?

In meiner Praxis erlebe ich immer wieder, wie krank es macht, wenn wir jeden noch so natürlichen Wunsch und Trieb in uns unterdrücken, statt ihm zu folgen. Der Schein der Normalität will gewahrt werden, letztendlich sogar, wenn wir dafür mit unserer Gesundheit bezahlen. Am deutlichsten drückt sich das für mich in der Sexualität aus. Ich bin sehr offen im Austausch mit meinen Patienten und ermutige sie, ihre Bedürfnisse und Wünsche, Ängste und Sorgen so klar wie möglich zu beschreiben. Und sie so offen auch ihrem Partner mitzuteilen. Was macht dir Lust? Manche Lendenwirbelbeschwerden lösen sich in Luft auf – bei Mann und Frau –, sobald sinnliche Berührung stattgefunden hat. Die Wildnatur bewertet nicht, was sich »gehört« oder mit wem wir Sexualität teilen. Ihr geht es um Lust als Ausdruckskraft der Lebendigkeit.

Oder es kommen Patienten zu mir, die wütend, entrüstet, empört sind, und das Einzige, womit sie ihre Gefühle unbewusst zum Ausdruck bringen, ist hoher Blutdruck oder stetige Unruhe. Dabei hilft es oft, einfach mal ein Kissen durch die Gegend zu schmettern. Zeitungspapier zu zerreißen, zu zerknüllen und gegen Wände zu werfen. In den Wald zu gehen und aus voller Seele zu schreien. Auf die Erde zu stampfen, bis man sich wieder geerdet fühlt.

Unseren Emotionen müssen wir Ausdruck verleihen. Dem Eigensinn in uns Raum geben. Die Normalität der Wildheit in uns zelebrieren. Das alles kann Lebenskraft schenken. Es ist eine heilende Kraft – und sie ist in jeder Seele beheimatet. Die Wildnatur will sich frei und ungezwungen ausdrücken dürfen, ohne bewertet zu werden. Häutet man sich wie eine Schlange vom Ballast der Konventionen, bekommt man eine Ahnung davon, wie unschuldig, rein, natürlich, normal der wilde Mensch ist.

Wir können die Instinktnatur in uns nicht abtöten, sie ist hartnäckig wie Löwenzahn, sie drängt sich selbst durch die steinigsten Spalten. Sie ist unsere Herzensstimme. Hat man einmal Kontakt zu seiner Wildnatur aufgenommen, dann ist es wie Fährtenlesen, man folgt der Witterung. Manchmal legt man Pausen ein, wird müde oder verliert die Spur aus den Augen, aber plötzlich und unerwartet trägt der Wind den Duft einer Wildblüte herbei. Schon nimmt man den Herzton wieder wahr und begibt sich auf die Spurensuche nach der inneren Lebendigkeit. Diese Herzensstimme wird nicht vom Verstand geleitet. Für den Verstand ist die Wildkraft nicht greifbar.

INNERE UND ÄUSSERE WILDNIS GEHÖREN ZUSAMMEN

Wenn du deinen wilden Anteilen näherkommen möchtest, dann lade ich dich zunächst dazu ein, dich mit der Bedeutung von Wildnis auseinanderzusetzen, wie ich sie zuvor beschrieben habe. Innenwelten und Außenwelten sind unzertrennbar miteinander verknüpft. Die innere Wildnis ist nicht erlebbar, wenn es kein Erleben in der Außenwelt gibt. Sich in der äußeren Wildnis zu bewegen, bringt unmittelbare, kleine Erfolgserlebnisse: Ich bin draußen, fühle mich frei, spüre meine Kondition, kann mich orientieren, lege möglicherweise Ängste ab … In ihrer Weisheit erinnert uns die Wildnatur daran, was gut für uns ist und was nicht. Ich kenne kein Tier, das nicht weiß, selbstsicher und ohne Zweifel, was für sein Wohl, seine Gesundheit, für seinen Nachwuchs das Beste ist. In der freien Wildnis lassen sich Erfahrungen sammeln, die andere Plätze nicht bieten. Man kann von ihr durch Beobachten lernen. Wichtig ist es, sich Zeit zu nehmen, allverbunden und offen durch die Natur zu wandern. Und sich von ihr berühren zu lassen.

Sicelo Mbatha, Wildnisführer vom Stamm der Zulu, sagt dazu:
Wir alle brauchen das: Hinauszugehen und uns einer wilden Landschaft hinzugeben. Sie zu erforschen, zu erfahren und zu bewundern. Wir sollten das während aller Jahreszeiten tun, bei allen Wetterlagen, bei Tag und bei Nacht. Wir sollten das Land berühren, die Luft schnuppernd einatmen und lauschen. Wir sollten das sich spiegelnde Mondlicht auf dem Wasser in uns aufnehmen, den Wind in unseren Haaren spüren und all die lebenden Wesen entdecken, mit denen wir diese Welt teilen. Wir sollten es wagen, uns mit der wilden Natur unserer eigentlichen Herkunft wieder zu verbinden. Wir sollten das tun, bevor es dafür zu spät ist.[4]

Das Paradoxe ist, dass wir in uns eine Sehnsucht nach Wildnis haben, gleichzeitig ist sie aber ein Ort, der in vielen Menschen Angst auslöst. Naturkräfte und unbekannte Wege entziehen sich unserer Kontrolle. Folglich empfinden wir in der wilden Natur einen Kontrollverlust, fühlen uns unsicher. Kennen wir unsere Urinstinkte nicht gut genug, dann haben wir kein Vertrauen in sie, wir können uns nicht auf sie verlassen. Es bedarf also der Übung, sich selbst zu trauen. Im Mittelalter galt die Waldwildnis als ein gefürchteter Ort, die Menschen suchten Schutz vor ihren Gefahren in der Stadt. Heute geht von bedrohlichen Wildtieren in unseren Wäldern in der Regel keine Gefahr mehr aus, entweder weil sie vom Aussterben bedroht oder schon längst nicht mehr in unseren Wäldern beheimatet sind. Die wenigen Wildtiere, die uns gefährlich werden können, zum Beispiel Wildschweine, sind scheu und zeigen sich gar nicht erst.

Der Bestand der Wildtiere stelle eine Gefahr für Autofahrer da, hörte ich einmal den Radiosprecher im Verkehrsfunk verkünden. Dass Autos eine Gefahr für seltene Wildtierarten darstellen, erwähnte er dagegen nicht und riet auch nicht zu vorsichtigem Fahren. Nein, selbst ein friedliches Wesen wie ein Reh oder ein Hase gilt als Bedrohung für die Auto fahrende Bevölkerung (zu der ich natürlich auch gehöre). Daher sei es besser, so der Radiosprecher, die Bestände so klein wie möglich zu halten. Als ich das hörte, war ich sprachlos.

Warum aber haben wir Angst vor der Wildnis? Was hindert uns daran, alleine und ohne den Schutz eines Zeltes eine Nacht im Freien zu schlafen? Auch ein

Spaziergang in der Dunkelheit ist für die meisten Menschen mit Unwohlsein verbunden. Selbst am hellen Tag kann ein Gang in verlassene Einöde verunsichern. Warum ist das so? Mit welchen inneren Bildern treten wir in solchen Situationen in Dialog?

Verlassen wir vertraute Wege, dann fühlen wir uns erst einmal orientierungslos. Die Wildnis ist kein Raum, in dem man mal eben um die Ecke guckt und weiß, was einen erwartet. Den Unerfahrenen lädt die Wildnis nicht unbedingt zur Entspannung ein. Sie fordert unseren Scharfsinn. Wir können uns nur achtsam in ihr bewegen. Vielleicht weckt sie aber auch die Abenteuerlust in uns. Je wagemutiger wir sind und unbekannte Gefilde erobern, desto mehr gewinnen wir an innerer Stärke. Die Auseinandersetzung der äußeren Wildnis stärkt unsere innere Wildnis. Haben wir jedoch kein geschultes Auge, dann kann Unachtsamkeit unter Umständen einen einfachen Waldspaziergang in einen Weg durch ein Labyrinth verwandeln, aus dem man so schnell nicht wieder hinausfindet. Somit ist es ratsam, sich gut zu merken, wo man gestartet ist und wie lange man in welche Richtung geht. Markierungen mit Steinen oder Zapfen können als Erinnerungsstütze dienen,

um den Weg zurück wiederzufinden. Verletzungsgefahren, mangelnde körperliche Kondition, Naturgewalten wie Gewitter und Sturm, starke Flussströmungen, ja, auch die Angst, überfallen zu werden, all das können Sorgen sein, die uns hindern, uns entspannt in der freien, wilden Natur zu bewegen. Neigt man dazu, sich unsicher zu fühlen, rate ich davon ab, die ersten Waldspaziergänge alleine zu unternehmen.

ÜBUNG: EINE WALDWANDERUNG FERNAB DER WEGE

Neigst du dazu, dich schnell unsicher zu fühlen? Dann kann dir diese Übung dabei helfen, Vertrauen auf- und Ängste abzubauen. Wiederhole diese Übung zur Morgen- und Abenddämmerung. Nimm den Unterschied von Tag und Nacht wahr.

Geh gemeinsam mit einer Person deines Vertrauens los und wandert gemeinsam, ohne zu sprechen. Haltet dabei mindestens drei Meter Abstand voneinander. Gemeinsam eine Erfahrung zu teilen und sich anschließend darüber auszutauschen, kann bereichernd sein. Die unterschiedlichen Eindrücke des jeweils anderen erweitern das Feld deiner Wahrnehmungen. Je mehr unbekannte Gefilde du erkundest, desto selbstsicherer wirst du dich irgendwann in der Natur bewegen.

Unsere Angst kann ein wichtiger Faktor sein, wenn es darum geht, uns zu schützen und nicht blauäugig ins Unbekannte zu laufen. Wer schon einmal in dichten, schnell aufsteigenden Nebel geraten ist, fühlt instinktiv, dass es ratsam ist, schnell wieder den Rückweg anzutreten. Unseren Instinkten müssen wir vertrauen, auf unsere Intuition sollten wir in der Natur hören. Fast immer, wenn mich jemand das erste Mal in meinem Haus im Wald besuchen kommt, lautet die erste Frage: »Hast du denn gar keine Angst, so ganz alleine hier draußen im Wald?« Für mich ist die Frage befremdlich, da ich mich im Wald nicht alleine fühle, sondern in bester Gesellschaft von Tieren und Bäumen bin. Die Natur macht mir keine Angst, nicht einmal bei Dunkelheit. Je länger ich mich aber in der Natur aufhalte, umso feinfühliger werde ich. Meine Sinne schärfen sich. Meine kleinen Ängste von früher haben sich längst in ein großes Staunen und Bewundern gewandelt. Die Natur berührt mich und ich werde durch sie daran erinnert, dass es eine Art zu leben gibt, die mich gerade durch ihre Einfachheit glücklich macht. Aber: Bewege ich mich auf der Hamburger Reeperbahn, wird mir mulmig und ich fühle mich unsicher.

Viele Menschen haben Vorurteile, was den Aufenthalt in der Natur angeht. Vorurteile, die völlig unnötig sind. Immer wieder erlebe ich, dass Menschen sich nicht trauen, sich ohne Decke oder einen Schutz auf den Erdboden zu setzen oder einfach mal durch Wiesenlandschaften zu laufen. Die Angst vor Krankheiten und Keimen nimmt immer mehr zu. Die Natur wird als Ort betrachtet, der Risiken für die Gesundheit birgt – angefangen bei Zeckenbissen und Stechmücken über Läuse, Flöhe, Fuchsbandwürmer bis hin zu gefährlichen Bakterien, die in kontaminierter Erde vorkommen könnten. Übertrieben sorgenvolle Eltern lassen ihre Kinder nicht mehr draußen spielen. Erde wird als etwas Schmutziges erlebt.

Wenn ich mich mit jemandem unterhalte, der längere Aufenthalte in der freien Natur nicht gewohnt ist, dann tauchen schnell Fragen auf wie: »Was passiert, wenn ich einen Tag lang ohne Essen bin, ohne ausreichend Wasser?« Viele denken, ohne Wasser und Essen seien sie schon nach einem Tag nicht mehr überlebensfähig. Wenn dir solche Verlustängste bekannt vorkommen, dann rate ich dazu, einfach eine Tüte Studentenfutter, eine ausreichende Menge Wasser und eine kleine Notfalltasche mit den wichtigsten Medikamenten mitzunehmen. Es geht ja nicht darum, ein Survivaltraining zu absolvieren. Du sollst dich und deine Kräfte ja auch nicht überfordern, denn ich möchte dich mit diesem Buch dazu motivieren, dass du dich mit Freude in der Natur bewegst. Und: Vergegenwärtige dir bei aller Vorsicht einfach auch, dass dein Körper jede Nacht für mehrere Stunden ohne Nahrung und ohne Flüssigkeitszufuhr auskommt. Wenn

du in der Natur unterwegs bist, findest du vielleicht einen Wildbach, an dem du deine Trinkflasche wieder auffüllen kannst. Vermutlich wird dir niemals zuvor Wasser besser geschmeckt haben als jenes, das du eigenhändig bei einer Wanderung gefunden und aus dem Bach geschöpft hast.

Je länger wir uns in der Natur aufhalten, desto mehr werden wir mit uns selbst konfrontiert. Wir fordern uns gleichzeitig auch selbst heraus. Denn genauso wenig, wie die Natur wertet, verschönert sie. Sie ist ehrlich. In ihr sind wir auf unser eigenes Selbst reduziert. Sich mit der Natur zu verbinden erfordert Aufrichtigkeit. Sich selbst neue Räume zu erobern, sich Platz zu schaffen zeigt auf, was uns vorher gefehlt hat. Die Konfrontation mit den eigenen *Schattenthemen,* also mit Problemen, die unser Unterbewusstsein beschäftigen, tritt in den Vordergrund.

Ein Thema liegt mir noch am Herzen: Es ist nicht nur Angst, die uns daran hindert, uns der Umwelt zuzuwenden, wir wollen auch nicht so genau hinsehen, was wir Menschen im Laufe der Jahre der Natur angetan haben. Im Angesicht dieser Zerstörung, dieses Raubbaus, ergreift manchen ein Gefühl der Ohnmacht. Können wir das jemals wieder ins Gleichgewicht bringen? Immer umfasst Trauer mein Herz, wenn ich durch Nutzwälder wandere und sehe, mit welcher Wucht dort gerodet und in die Natürlichkeit eingegriffen wird. Ich bin regelrecht verzweifelt. Manchmal bringt mich der Anblick sogar zum Weinen und ich weiß nicht, wie ich dieser Verzweiflung Ausdruck verleihen soll, außer heftig ein lautes NEIN in die Welt zu rufen. Dieser Schmerz geht häufig mit der Frage nach der persönlichen Schuld einher und es folgt die Scham. Die Scham, dass wir als konsumierende Menschen in der Mitverantwortung stehen und alle unseren Teil zu dieser Zerstörung beitragen. Aber dieser Schmerz sollte uns nicht daran hindern hinzusehen. Ganz im Gegenteil. Er soll uns zum Hinsehen bewegen. Er soll eine Motivation für uns sein, damit wir daraus lernen. Unsere Verantwortung liegt darin, für nachkommende Generationen nachhaltig zu handeln. Die Erde ist im Chaos geboren, sie hat Eiszeiten und Meteoritenstürme überlebt. Wir haben es mittlerweile so weit gebracht, nicht mehr Teil der Natur zu sein, sondern auch gegen sie zu agieren. So berauben wir uns unseres eigenen unversehrten Lebensraums und der Fülle der Artenvielfalt.

ÜBUNG: SPÜR-REISE MIT EINEM BAUM

Diese Übung schult deine Achtsamkeit und bietet dir die Möglichkeit, dich selbst besser kennenzulernen. Fragen an dich selbst kommen auf: Wer bin ich? In welcher Beziehung stehe ich zu meiner Umwelt, welche Verbindung habe ich mit ihr? Vielleicht fühlst du nichts, vielleicht nimmst du wahr, dass der Baum lebendig ist. Vielleicht bist du berührt, traurig, glücklich oder fühlst dich erschöpft. Beobachte dich und bleib dabei neutral, ohne dich negativ zu (be)werten. Diese Übung soll deinen Horizont und deine Wahrnehmung erweitern. Du sollst ein Gefühl dafür bekommen, wie du dich im direkten Umgang mit der Natur siehst.

Geh zu einem Baum deiner Wahl. Fühle ihn, betaste, streichle den Baum. Wie viele Blätter mag er wohl haben? Bemerkst du, mit welcher Wortwahl, welchen Gesten, Vorstellungen und Handlungen du vorgehst? Welche Emotionen löst das bei dir aus? Fühlst du dich beobachtet? Wenn ja, von wem? Schämst du dich, einen Baum zu umarmen? Wenn ja, warum? Beobachte dich weiter. Bleibst du ganz bei dir? Stell dem Baum keine Fragen!

AFFIRMATION

»Ich bin wild und darf meinen Eigensinn leben.«

KAPITEL 4

WIE ENTDECKE ICH MEINE INNERE WILDNIS?

Werde zum Himmel.
Geh mit einer Axt zur Gefängnismauer.
Entrinne.
Geh hinaus wie jemand, der plötzlich in Farbe geboren wird.

Rumi

DER RUF DER WILDNIS

Nur einer einzigen, schlichten Regel bedarf es, um den Kontakt zu seiner Wildnatur aufzubauen: Sei interessiert an deinem Selbst! Koste von der Frucht der Erkenntnis. Ohne dabei ein schlechtes Gewissen zu haben.

Die Wildnis in mir hat die Kraft, die Besonderheiten und Einzigartigkeiten meiner Talente hervorzubringen. Meist offenbart sich der Ruf der Wildnatur nur durch leise Töne, zarte Tränen oder Erschöpfung. Aber wenn wir aufmerksam sind, dann können wir ihn hören – und uns fragen, was uns dieser Ruf vermitteln will. Habe ich Lust, auf eine SELBSTentdeckungsreise zu gehen? Wie gehe ich mit dem Abenteuer Leben um? Wie reagiere ich auf Veränderungen im Leben? Was kann mich darin unterstützen, mit mehr Leichtigkeit durch den Alltag zu gehen? Habe ich den Mut, meine Meinung frei zu äußern? Wie teile ich mich meiner Umwelt mit?

Der Alltag vieler meiner Patienten ist so voll und überlagert, dass oftmals nicht einmal Zeit bleibt für ein einfaches Hobby oder – wie ich immer wieder höre – dass selbst für ausgiebiges Duschen am Morgen keine Zeit mehr bleibt, weil die Alltagspflichten so stark im Fokus stehen. Stattdessen: Pflichten, Hetze, Druck, Funktionieren. Der Ruf nach einem einfachen Leben wird immer lauter. Einem Leben, bei dem man nur den Grundbedürfnissen folgt. Schlafen, Essen und Nahrungssuche – das sind plötzlich Tugenden, die reich machen, Erfüllung verheißen.

Wodurch kann dieser Ruf ausgelöst werden? Vielleicht ist es ein Schicksalsschlag, eine Krankheit oder die Erkenntnis, dass sich etwas ändern muss, um aus der Maschinerie des »Funktionierens« herauszukommen. Aussteigen. Frei sein.

Die Wildnatur folgt diesem Ruf. Sie überwindet die Grenzen zwischen Körper und Seele. Sie fordert uns dazu heraus, unsere Grenzen auszutesten und unsere Komfortzonen zu verlassen, weil wir nur dann das verändern oder über Bord werfen können, was sich für uns im Leben nicht mehr stimmig anfühlt. Das zu erreichen ist ein Prozess, der langwierig sein kann und Geduld erfordert. Häufig sogar Disziplin. Es ist nicht einfach, aus Vertrautem auszubrechen, sich zu verändern und das Gewohnte zu verlassen. Aber es ist notwendig für unsere emotionale Reife, die wir brauchen, um uns der Wildnis zuzuwenden.

Der Ethnologe und Kulturhistoriker Hans Peter Duerr drückt es so aus: »Entgegen dem, was heutzutage Philosophen kritische Selbstreflexion nennen, hatte der archaische Mensch noch die Einsicht, dass man seine Welt verlassen müsste, um erkennen zu können, dass man nur *zahm* werden konnte, wenn man zuvor *wild* war, oder dass man nur dann in der Lage war, in vollen Sinnen des Wortes zu leben, wenn man die Bereitschaft hatte zu sterben. Um so innerhalb der Ordnung leben zu können, musste man in der Wildnis verweilt haben, man konnte nur wissen, was drinnen bedeutet, wenn man draußen gewesen war.«[5]

Daher rate ich jedem immer wieder, sich in der Natur zu bewegen. So häufig und auch zeitlich so ausgedehnt, wie es geht, etwa im Urlaub oder am Wochenende. Wie wäre es zum Beispiel einmal, für ein paar Tage mit wenig Gepäck und Komfort in die Natur zu gehen und dort unter freiem Himmel zu übernachten?

ALLEIN IN DER WILDNIS

Viele Länder Europas habe ich in den vergangenen Jahren bereist, besonders gern war ich in Irland, Schottland, Frankreich und Italien, in meiner Jugend bin ich viel getrampt. Wann immer ich die Gelegenheit dazu hatte, habe ich die Wildnis Europas gesucht und wunderschöne Plätze gefunden. Oft habe ich dann eine oder mehrere Nächte in einem Wald geschlafen oder ich war im Gebirge zu Gast. Immer allein. Hinauszugehen, um mich zu sammeln, ist für mich Teil der Seelenreinigung. Ich spüre, wann es wieder so weit ist, und völlig gleichgültig, wie kalt oder heiß es draußen ist, folge ich diesem Impuls. Vor ein paar Jahren war in mir der Ruf, dieses Gefühl mit einer Gruppe teilen zu wollen. Also meldete ich mich zu einer sogenannten *initiatorischen Visionssuche* an. Unter einer Visionssuche versteht man ein uraltes kulturübergreifendes Ritual, das helfen soll, Lebensübergänge bewusst zu gestalten und den »roten Faden« im eigenen Leben sowie im Kreise der Gemeinschaft wieder aufzunehmen. Die Visionssuche gilt als eines der ältesten Rituale der Menschheit: hinausgehen, allein mit sich sein, auf der Suche nach den eigenen Visionen, nach dem persönlichen Klang, nach den eigenen Noten.

Zwölf Tage dauerte meine Visionssuche damals, und vier dieser zwölf Tage musste jeder aus unserer Gruppe alleine im Wald verbringen. Zwar mit ausreichend Wasser, aber ansonsten nur mit dem Nötigsten ausgerüstet, verbrachte ich diese vier Tage ohne den Schutz eines Zeltes fastend in der Natur, in der Wildnis.

Meine persönliche Intention dieser Visionssuche war, mich bei der Erde ungestört für all die Lehrstunden, die ich von ihr erhalten habe, zu bedanken. So fuhr ich im Juli ins Höllbachtal in der Nähe von Regensburg. Die erhoffte Wildnis glich leider eher einer »Mildnis«, so viele Menschen waren in dieser Zeit, mitten im Sommer, in dieser Region unterwegs – anfangs eine echte Enttäuschung für mich. Doch dann fand ich einen Platz unter einem Haselhain, und genau dort wollte ich übernachten. Bei Tag glichen die Blätter einer Kuppel, und in der Nacht verwandelten sich die Baumformationen zu Kronen, die aus der Erde ragten. Einen sichereren Ort auf Erden konnte ich mir nicht vorstellen. Anfangs dachte ich noch, ich erobere mir das ganze Tal, aber es zog mich nur einige Meter aus meinem Hain hinaus.

Ich blieb vier Tage, umzingelt von Bäumen, nur auf einer Waldlichtung. Um diese Lichtung herum verlief der Höllbach. Und in der Mitte der Lichtung saß ich, trommelte, sang, weinte, schrie, lachte, tanzte, schrieb oder kommunizierte mit der Schönheit der Naturlandschaft. Spaziergänger konnten von der anderen Seite des Höllbachs zu mir herübersehen. Einige verwunderte Gesichter nahm ich wahr. Ich gebe zu, mein Anblick hat vielleicht auch etwas verrückt gewirkt. Was mich oft schmunzeln ließ, weil ich mir wie ein Wildtier im Zoo vorkam. Normalerweise hätte ich mich zurückgezogen, mich vor Fremden versteckt, um mir dann einen einsameren Ort zu suchen, an dem ich meinem Prozess freien Lauf lassen kann. Nur: Meine Lichtung war der einzige Sonnenplatz weit und breit. Da es unglücklicherweise mitten im August einen Temperatursturz gegeben hatte, waren die Nächte sehr kalt und feucht und es gab Bodenfrost. Tagsüber erreichten die Temperaturen lediglich um die zwölf Grad, zu kalt für einen Wärme liebenden Menschen wie mich, und das Fasten verstärkte dieses Empfinden noch… Mein Sonnenplatz war somit eine schöne und wichtige Möglichkeit zum Aufwärmen.

Die ganze Zeit über forderten die Arme der Bäume meine ganze Aufmerksamkeit. Nach einer langen Auseinandersetzung mit mir, ob ich mich verkriechen sollte oder nicht, wurde mir klar, wieso ich mir genau diesen Platz ausgesucht hatte. Ich sollte Zeugnis ablegen vor diesen Bäumen. Ich sollte mich nicht mehr verstecken, vor nichts und niemandem. Nicht vor anderen Menschen, nur weil sie mir gegenüber Unverständnis oder gar Ablehnung empfanden. Also kam ich zu dem Entschluss: Ich verstecke mich nicht mehr, vor keinem Menschen. Uiuiui… Du kannst mir glauben, das war ein Riesenschritt für mich, da ich eher dazu neige, mich im Hintergrund zu bewegen und nicht so viel von mir preiszugeben. Der Mut, den ich dort gefasst und erlangt habe, war unter anderem auch die stützende Kraft, die mir half, dieses Buch zu schreiben. Jede Menge kostbarer Schätze konnte ich in dieser Zeit sammeln.

Aber was tut man eigentlich vier Tage und Nächte in der Wildnis? Ein kleiner Einblick meiner Erlebnisse: Ich habe Schmetterlinge lachen hören und weiß jetzt, wie Wolken schmecken. Bin mit Schwalben geflogen, wurde zum Wolf. War Stein und habe Bäume tanzen sehen. Habe mir meine Wunden geleckt. Jedes Blatt glich meiner Haut. Habe zum Herzschlag der Erde getanzt und dabei Visionen gesponnen. Habe mit Mücken verhandelt und mit Zecken gesprochen. Habe mich von Fliegen küssen lassen. Habe mich von der Sonne wärmen und mein Blut in die Erde fließen lassen.

Die Quintessenz meiner Visionssuche kann ich in wenigen Sätzen zusammenfassen. Es geht mir nicht mehr um Bewertungen. Ich bin in meinem Leben an einem Punkt angekommen, an dem das Licht alle Schattenthemen so erhellt, dass sie keine Bedrohung mehr darstellen. Jede noch so schmerzliche Erfahrung schenkt mir die Kraft der Empathie! Mitfühlen zu können, ohne bewerten oder urteilen zu müssen, öffnet mir den Weg für magische Räume, in denen ich Souveränität spüre und für das Wohl der Erde, meine Gemeinschaft und mich sorgen kann.

Empathie ist ein heilsames Mittel für die Bewusstseinsentwicklung. Es fühlt sich an, als ob mich die Tage in der Wildnis an meine Quelle, meinen Ursprung gebracht hätten; alles in mir erinnert sich, alles ist lebendig, alles fühlt und lebt, ich fühle die Verbindung zum Leben. Das Wissen um diese allumfassende Verbundenheit ist durch die Visionssuche bis zu meinen Zellkernen vorgedrungen. Dem Ruf des Lebendigen folgen, dem will ich mich widmen. Den Menschen Schutzräume öffnen, in denen sie sich sicher fühlen können, ist ein wichtiger Teil meiner Lebensvision geworden. Das macht mich so glücklich. Mein Rucksack ist gefüllt mit Dankbarkeit und Demut.

Eine andere Teilnehmerin der Visionssuche hat anschließend einen Satz gesagt, der die Heilkraft dieses Prozesses nicht besser wiedergeben könnte: »Es sollte das Geburtsrecht eines jeden Menschen sein, diese Erfahrung machen zu dürfen.« Dieser Satz hat sich mir für immer eingeprägt.

Zugegebenermaßen waren die vier Tage im Wald eine recht extreme Erfahrung von Wildnis, ein sehr intensives Erlebnis. Und vielleicht auch nichts für Einsteiger. Um dir ein Gefühl dafür zu vermitteln, wie der Ruf der Wildnis sich für dich bemerkbar machen kann, findest du als Nächstes ein paar leichtere Übungen.

ÜBUNG: BEGEGNE DEM WILDTIER IN DIR

Diese Spür-Reise bringt dich in Kontakt mit deinem inneren Wildtier. Ungewohnte Bewegungsabläufe und Laute machen dich frei von starren Körperhaltungen. Und ge-

nau das wollen wir mit dieser Übung erreichen, die du sowohl im Haus als auch im Freien machen kannst.

Zu Beginn dieser Übung stellst du dir vor, du wärst ein Wildtier. Welches Tier kommt dir als Erstes in den Sinn? Schließ die Augen für eine Minute und fühle, zu welchem Tier es dich hinzieht. Bist du ein Löwe, ein Elefant, ein Wolf, ein Feldhase, ein Igel, ein Adler, eine Maus oder ein Jaguar? Egal für welches Tier du dich entscheidest, mach dich vertraut mit seinen Eigenschaften. Als Nächstes bewegst du dich für mindestens zehn Minuten so, als ob du dieses Tier wärst. Bist du körperlich nicht in der Lage dazu, dann such dir ein Körperteil aus – und sei es nur der kleine Finger –, das so agiert, wie dieses Tier es tun würde. Wenn du Kinder hast, kannst du diese Übung auch als Spiel mit deinen Kindern spielen. Sie dient dazu, den Körper zu anderen Bewegungsabläufen zu bringen und diese wahrzunehmen. Stell dir vor: Wie nimmt dieses Tier Gerüche wahr? Wie isst es? Wie jagt es und wie reagiert es auf Geräusche? Ist es eher schreckhaft oder aggressiv? Wenn du diese Übung im Freien durchführst, nimm die Landschaft aus der Sicht eines Wildschweins oder Bussards wahr. Verändere deine Geschwindigkeit, duck dich und kriech über die Erde. Andere, neue Bewegungsabläufe wahrzunehmen löst Erstarrungen und Konventionen. Entledige dich deiner menschlichen Haut und werde zum Wildtier.

Die nächste Übung soll dir helfen, dich vom Ballast des Alltags zu befreien. Du sollst dich freier und leichter fühlen, um dann bereit zu sein, deine wirklichen Bedürfnisse zu fühlen.

ÜBUNG: DIE SCHALE VOLL BALLAST

Diese Übung verschafft dir die Möglichkeit, ein wenig von der Last auf deinen Schultern abzuschütteln und abzugeben, was dich emotional belastet.

Dafür benötigst du eine kleine Schale oder einen anderen Auffangbehälter. Stell dieses Gefäß auf den Boden, etwa zwei Fußlängen entfernt vor dir. Diese Übung sollte, wenn möglich, im Stehen ausgeführt werden. Steh fest, aber nicht verkrampft auf beiden Beinen, also nicht mit durchgedrückten, sondern leicht angewinkelten Knien. Fang langsam an, gedanklich Kontakt mit etwas aufzunehmen, was dir nicht gut bekommt.

Worüber ärgerst du dich? Was nervt dich? Was macht dir Kummer? Nimm alles wahr, jede Emotion, Liebe, Trauer, Schmerz, Wut oder Angst. Wichtig ist, dass du keine aggressiven Sätze gegen dich selbst richtest! Kein Gedanke sollte damit beginnen, dass du dich über dich selbst ärgerst, dass du versagt hast oder bei etwas nicht gut genug warst!

Nimm jetzt Kontakt zu der Schale vor dir auf. Diese Schale ist bereit, all deinen Ballast, jegliche Art von Kummer und Seelenschmerz aufzunehmen. Beginne, mit den Schultern zu kreisen, lockere den Kiefer, indem du das Kinn nach unten fallen lässt, stampfe mit den Füßen. Streife mit Händen und Armen all das vom Körper ab, was du loswerden möchtest, und »spucke« sinnbildlich alles in die Schale, so lange, bis du eine Erleichterung fühlst. Egal ob es der Ärger vom Arbeitstag ist, der verspätete Bus, eine Schreckensnachricht, ein Streit – die Schale ist offen für all deine Emotionen. In diesem Moment kannst du alles in ihr ablegen. Anschließend nimmst du die Schale in deine Hände und machst dir einen Moment lang bewusst, wie viel du tragen kannst. Freunde dich mit dem Inhalt der Schale an. Alle diese Emotionen stehen dir zur Verfügung. Sie sind lebendig. Öffne das Fenster und schütte den Inhalt imaginär weg. Bitte den Wind und alle Sterne der Galaxie, diese Energie zu wandeln.

Diese Übung kannst du mehrfach wiederholen. Wenn du keinen ungestörten Wohnraum in deinem Zuhause hast, dann such das Badezimmer auf. Hat das Badezimmer kein Fenster, dann spülst du den Inhalt der Schale ins WC und bittest alle Gewässer der Erde, den Inhalt so zu wandeln, dass er dem Wohl aller Geschöpfe diene. Wenn du diese Übung im Freien machst, buddle ein kleines Loch und gib den Ballast in deiner Schale der Erde und bitte um Wandlung.

Wenn Patienten in meine Praxis kommen, dann haben sie nie das Gefühl, unterfordert zu sein, sondern genau das Gegenteil ist der Fall. Überforderung ist das zentrale Thema. Dieses Gefühl der Überforderung erschwert beziehungsweise verhindert die Heilung von Krankheiten und das Überwinden von Krisensituationen. Besonders Frauen neigen dazu, zu wahren Alltagsheldinnen zu mutieren. Sie bürden sich immer mehr auf, bis Schlaflosigkeit, ständige Erschöpfung oder Krankheiten sie dazu bewegen, doch einen Gang zurückzuschalten. Und dieses Zurückschalten ist etwas ganz Natürliches und Positives. Kein Tier ist ständig auf Nahrungssuche, es gibt Zeiten der Aktivität und der Passivität. Passiv sein bedeutet nicht »Ich bin faul«, »nicht mehr leistungsfähig« oder »weniger wert«. Passivität hat den gleichen Stellenwert wie Aktivität.

ÜBUNG: DAS AKTIVE NEIN

Um der Überforderung vorzubeugen, brauchen wir also ab und zu ein »aktives« Nein. Doch was genau ist das? Es bedeutet ganz simpel, dort ein »Nein« zu setzen, wo du sonst mit einem »Ja klar« zur Verfügung stehst.

Setz dieses Nein ein, wo immer du möchtest, es ist dir keine Grenze gesetzt: Sei es ein Nein zum Staubsaugen oder zu einer neuen Aufgabe bei der Arbeit, zu einem

Telefonat oder zu einer Verabredung. Nein! So lautet die Devise. Wenn es dir schwerfällt, dann hol dir das Wort »NEIN« immer wieder bildlich ins Gedächtnis. Was könnte dich dabei unterstützen, dieses Nein zu verinnerlichen beziehungsweise nicht aus den Augen zu verlieren? Vielleicht klappt es am Computer als Bildschirmhintergrund oder auf deinem Handy. Fühlst du, was das Nein mit dir macht? Beobachtest du dich dabei? Wie ist deine Körperhaltung bei einer Absage? Übe so lange, bis du dich gut fühlst. Sei wild und frei!

Wild zu sein kann im Kleinen beginnen. Die nächste Übung klingt banal, aber: Ja, auch kleine Veränderungen können wild sein!

ÜBUNG: SEI DIE VERÄNDERUNG

Diese Übung dient dazu, deinen Horizont zu erweitern und sich mutig unbekannte Orte zu erobern. Lade dich selbst dazu ein, etwas auszuprobieren, das du normalerweise nie machen würdest. Etwas völlig Neues. Die Auswahl ist groß: Freitanz, Theaterbesuch, Kunstausstellungen, Ausdrucksmalen, afrikanischer Tanzkurs, Barfußpark, Ballonfahrt …

Wenn du sonst nie allein etwas unternimmst, dann geh jetzt einmal allein ins Kino. Es ist belebend, etwas zu tun, was du sonst nie tun würdest, und es übt dich spielerisch darin, mit Veränderungen umzugehen.

AFFIRMATION

»Ich genüge mir und ehre meine Grenzen.«

KAPITEL 5

IM EINKLANG MIT DEM JAHRESLAUF

Alle Natur, alles Wachstum, aller Friede,
alles Gedeihen und Schöne in der Welt beruht auf Geduld,
braucht Zeit,
braucht Stille,
braucht Vertrauen.

Hermann Hesse

DER RHYTHMUS DER NATUR IST UNSER RHYTHMUS

Hast du am Ende eines Jahres auch das Gefühl, die vergangenen zwölf Monate seien mal wieder besonders schnell an dir vorübergegangen? Die Geschwindigkeit, in der wir durch das Jahr »rasen«, ist enorm. Der Mensch soll zu jeder Tageszeit – und am besten auch nachts – und zu jeder Jahreszeit gleich gut »funktionieren«. Pausen und Erholungsphasen verdienen oft den Namen nicht, denn sie sind schnell gefüllt mit Alltagspflichten, und die wenigen Wochen Urlaub im Jahr bringen meist nicht den gewünschten lang anhaltenden Effekt des Auftankens.

Alles Lebendige fügt sich einem Rhythmus, und auch der Mensch hat nicht zwölf Monate im Jahr immer dieselben Bedürfnisse. Wir reagieren auf Licht und Dunkelheit, auf Kälte und Wärme. Aber wir verhalten uns, als seien wir abgekoppelt vom Biorhythmus aller anderen Organismen. Und so trennen wir uns ab von unserer Natur und machen uns einsam gegenüber allen anderen Lebewesen.

Bitte schau aus dem Fenster. Welche Jahreszeit haben wir jetzt? Was können wir von ihr lernen? Worin besteht der Unterschied zu anderen Jahreszeiten und wie fühlt sie sich für dich an? Wann magst du dich mehr körperlich bewegen, wann weniger? Warum? Fühlst du dich zu jeder Jahreszeit gleich aktiv? Wie spürst du den Rhythmus der Jahreszeiten in deinem Körper, Ebbe und Flut, Tag und Nacht? Die Natur hat einen zyklischen Charakter mit der Abfolge charakteristischer Phänomene, die immer wiederkehren. Im europäischen Raum sind wir damit gesegnet, den Verlauf der vier Jahreszeiten zu erleben. Von der Natur zu lernen, das haben Menschen seit Anbeginn der Menschheit getan. All ihr Wirken – das Jagen, Sammeln, Pflanzen, Ernten – war eingebettet in den Rhythmus von Frühling, Sommer, Herbst und Winter. Die Gestirne sind ebenso bedeutend wie der Sonnen- und Mondverlauf.

Im Jahreslauf waren die Wendepunkte der Gestirne für unsere Ahnen von enormer Bedeutung:

Frühjahrs-Tagundnachtgleiche
(21. März)
Sommersonnenwende
(21. Juni)
Herbst-Tagundnachtgleiche
(21. September)
Wintersonnenwende
(21. Dezember)

An diesen Transformationspunkten findet ein Wechsel der Naturkräfte statt. Tausende von Jahren wurden diese Schwellen mit verschiedenen Ritualen und Bräuchen zelebriert. Die Feste wurden gefeiert, um den Übergängen der Natur zu huldigen. Ob in den Weiten der Prärien Amerikas, im asiatischen Hochgebirge oder in den Urwäldern: Überall haben die Menschen den Wechsel der Jahreszeiten erkannt und gefeiert. Die Rituale gleichen sich heute noch auf verblüffende Weise rund um den Erdball. Weltreligionen wie das Christentum und der Islam reklamieren die Feste für sich, doch tatsächlich sind diese Kulte älter als alle Religionen. An Ostern beispielsweise feiern die Christen den Tag der Auferstehung Jesu. Die an diesem Tag angezündeten Osterfeuer gehen allerdings auf einen viel älteren Brauch zurück. Zu Ehren der Fruchtbarkeitsgöttin Ostara feierten die Germanen in der Morgendämmerung Feuerrituale, um den Winter auszutreiben. Auch in Persien werden Feuer entzündet, um die kalte Jahreszeit zu verjagen. Mit einem Sprung über das Feuer wird um Nowruz, dem Beginn des neuen Jahres, das in Persien nicht am 1. Januar, sondern am 21. März anfängt, der Winter verabschiedet und der Frühling begrüßt. Feuerrituale lassen sich zur Frühlingszeit überall auf der Erde beobachten.

Die Natur hat einen einfachen Rhythmus: wachsen, werden, blühen, vergehen. Oder noch einfacher formuliert: Stirb-und-Werde-Prozesse. Wir sind eingebettet in diesen Rhythmus der Natur und auch in uns finden die Naturgesetze ihren Niederschlag. Unser Körper zum Beispiel reagiert auf feinste Nuancen bei Wetterwechsel und bei Veränderungen der Lichtverhältnisse. Wir unterscheiden uns ja nicht wesentlich von Pflanzen oder Tieren. Unsere Grundbedürfnisse sind dieselben. Die meisten Pflanzenarten brauchen viel Wasser, reichhaltige Muttererde und Dünger, um wachsen zu können. Unter optimalen Bedingungen bilden sich kräftige Wurzeln aus. Nicht sofort ist die Frucht reif und bereit zur Ernte. Viele Pflanzenarten benötigen Zeit zum Wachstum und Angewöhnung. Einige Baumarten brauchen Jahre, bis sie überhaupt Früchte tragen. Eine Linde zum Beispiel wächst 300 Jahre, lebt 300 Jahre und vergeht 300 Jahre.

Licht und Wärme erkennen viele Menschen für sich als wichtig an. Aber was kann uns die Dunkelheit vermitteln? In den Tiefen, an den dunkelsten Stellen, dort, wo kein Licht hinkommt, keimt das Leben. Egal ob in den Gebärmüttern aller Säugetiere, in fruchtbarer Erde oder in der Schutzhülle eines Eis. Leben beginnt im Dunkeln. In dieser Dunkelheit will es genährt werden, umsorgt, beschützt, gehalten und gepflegt. Jedes Lebewesen nimmt sich auf seine Art die Zeit, die es braucht, bis es das Licht der Welt erblickt.

Die Evolution lässt sich mit Wandlung viel Zeit, sehr viel Zeit. Die Erde ist wie eine fürsorgliche Mutter, sie lässt gewähren, was zum Wohle aller dient. Jede kleine Veränderung wird so lange erprobt, bis sie in Perfektion funktioniert. Sei die Veränderung auch zufälliger, gesteuerter, chaotischer oder spielerischer Natur – eines ist die Erde niemals: ungeduldig. Die Evolution ist wie ein wandelbarer Geist, immerfort ist sie dabei zu lernen, sich anzupassen und sich zu verändern und macht auch jetzt in diesem Moment nicht halt, während du diese Zeilen liest.

Leider nimmt es immer mehr zu, dass wir unsere natürliche Sensibilität für die natürlichen Rhythmen um uns und in uns als lästig empfinden, da sie vermeintlich unsere Leistungsfähigkeit schwächt. Tatsächlich ist das Gegenteil der Fall: Unser körperliches und seelisches Gleichgewicht und unser schöpferisches Selbst an den Jahreslauf anzubinden, stärkt uns darin, lösungsorientiert auf Anforderungen reagieren zu können.

DIE GESCHICHTE VOM SAMENKORN

Im Folgenden möchte ich dir mit der Geschichte eines einfachen Samenkorns den Jahresverlauf verdeutlichen. Das Samenkorn ist ein Symbol des Lebens, mit allem, was uns durch die vier Jahreszeiten bewegt und begleitet: Geburt, Wachsen, Leben, Trennung und Tod. Das Samenkorn, bestehend aus Schale, Nährgewebe und Keimling, steht für unsere Sehnsüchte: für das Heranreifen, dafür, sich dem Leben und seinen Herausforderungen zu stellen. Folgen wir in unserer Fantasie also diesem Samenkorn, das sich den Weg in die Erde sucht, wenn sich die ersten Nebel bilden, während eine Blätterpracht aus gelben, orangen und braunen Tönen unsere Augen erfreut.

Es ist **Herbst …**

… die Zeit des Wendepunkts, in der wir wahrnehmen, wie die Dunkelheit mehr und mehr um sich greift. Während sich die Baumsäfte zurückziehen, wird der Samen für das neue Leben gesät. Nebelschwaden durchziehen das Land, Herbststürme wüten, der Blättermantel der Bäume lichtet sich und auf den Böden bilden sich raschelnde Blätterteppiche. Die Tiere ziehen sich zurück. Die Wildvögel brechen auf in den Süden.

Die Pflanzen bündeln ihre Kraft, alle Energie wird in den Wurzeln gespeichert. Die Wurzeln werden kräftiger. Mitten in diesem scheinbaren Sterbeprozess der Natur wird das neue Leben meist durch Wind, Insekten und andere Tiere in die Erde gegeben. Dort, in der Dunkelheit, beginnt das Leben. Auch unser Samenkorn liegt nicht in einem gemütlichen Nest, es muss sich behaupten, dem ersten Bodenforst, der Kälte und den Unbilden der Natur trotzen. Nicht nur die widrigen Wetterbedingungen, viele andere Gefahren können dieses neue Leben gefährden. Für Vögel, Insekten und manch andere Tiere sind Samen eine beliebte, nährstoffreiche Nahrung. Erst nach bestandenen Prüfungen stellt sich heraus, ob es eine Überlebenschance hat. Unser Held, das Samenkorn, verharrt geduldig in Keimruhe.

Es orientiert sich am Beispiel der Bäume. Im Herbst sammeln sie sich, Energie wird nicht nach außen verschleudert, der Blätter-Ballast abgeworfen. Was nicht zum Überleben dient, wird abgestoßen. Und das Abgeworfene ist nicht unnütz. Alles wird verwertet, bietet Unterschlupf oder Nahrung für andere Arten des Lebens. Beobachtet man dieses Naturschauspiel, so stellt man fest, dass bei einigen Pflanzen schon sehr früh die Blätter fallen, während andere, etwa Eichen und Ulmen, sich bis in den Winter Zeit lassen.

Wir Menschen ziehen uns in der Herbstzeit immer mehr in unsere vier Wände zurück. Traumzeit und Zwielicht laden uns ein, Kerzen zu entzünden und uns am Geruch leckerer, warmer Suppen zu erfreuen. Unsere Ideen, unsere Visionen, unsere Wünsche, sie ähneln dem Samenkorn. Was aus ihnen wohl werden mag? Es ist ungewiss. Dennoch keimen die Ideen fürs kommende Jahr in uns auf. Alles ist da, wie im Samenkorn, nur noch nicht sichtbar. In uns will eine Idee geboren werden, sie ist noch nicht klar definiert, es kann kein Plan geschmiedet werden, weil die Idee einfach noch nicht greifbar ist. Wir können nur erahnen, aber nicht manifestieren. Das Samenkorn lehrt uns: Gut Ding will Weile haben.

Es ist ein tröstlicher Gedanke, dass die Natur voller Vertrauen die Samen in die Erde setzt, neues Leben initiiert, obwohl es nicht absehbar ist, wie der Verlauf des kommenden Jahres sein wird. Aber es gibt dieses Wissen seit Anbeginn, dass alles, was wachsen will, Zeit benötigt. Jeder in seinem Tempo. Nicht alle Gewächse gleichen sich.

Für mich ist es eines der schönsten Bilder, die der Herbst uns schenkt: Wir haben Zeit für uns und unsere Visionen, wir sollten uns diese Zeit auch nehmen, so wie die Natur es uns vorlebt. Nichts muss sofort umgesetzt werden. Der Herbst lädt zur *Entschleunigung* ein. Aber ausgerechnet in dieser Zeit setzen sich viele dem größten Druck des Jahres aus: Jahresabschlüsse, Steuererklärungen, Abwicklung aller noch offenen Projekte, Weihnachtseinkäufe – von weniger Ballast keine Spur. Innere Zweifel und der Drang, alles perfekt zu machen, hindern uns daran, in die doch so nötige Ruhe zu kommen. Aktionismus setzt ein, wenn die Dunkelheit zum Ruhen einlädt. Und damit die Dunkelheit gar nicht erst wahrgenommen werden kann, wird sie durch eine Flut künstlichen Lichts ersetzt: Lichterketten überall. Zu keiner Jahreszeit wird sichtbarer, wie stark wir wider die Natur leben …

… als zum Beginn der **Winterzeit.**

Schwarze Zahlen werden erwartet: Gewinn und unentwegtes Wachstum. Und wehe, das Wachstum kommt zum Jahresende zum Erliegen, dann wird der Druck erhöht … Jedoch: Nichts in der Natur wächst ständig! Für die Natur ge-

hört es zum gesunden Kreislauf, dass einiges schläft, erstarrt, aus dem scheinbaren Nichtstun Kraft schöpft oder stirbt.

Nehmen wir wieder die Spur unseres Samenkorns auf. Die äußeren Bedingungen werden mit Fortschreiten des Winters nicht gemütlicher. Es ist wie ein Ringen mit den Naturkräften, mit bitterer Kälte. Heulende Winde und peitschender Regen durchziehen das Land. Erste Schneestürme und Eis fordern unserem Samenkorn noch mehr Geduld ab. Aus Entschleunigung wird Innehalten, Stillstand.

Schnee schluckt Geräusche, jeder Laut wird gedämpft, Stille herrscht. Wie eine schützende Decke legt sich der Schnee über die Landschaften. Kristallformationen und Eisblumen sind am Wegesrand zu sehen. Der Schnee macht diese Zeit heilig, individuelle Formen werden durch die Schneedecke egalisiert. Die weiße Kraft sorgt für ein natürliches Licht am Tag und in der Nacht. Die Aktivität ist nicht im Außen, sondern konzentriert unter der Erdoberfläche. Der Mutterboden bereitet alles für das kommende Wachstum vor. Noch lässt das wärmende Sonnenlicht auf sich warten.

Hat sich der Mensch im Herbst noch mit der Aussaat und Ernte beschäftigt, lädt der Winter zu Einkehr und Rückzug ein. Für viele unserer Vorfahren war die Kälte des Winters die herausforderndste Zeit. Hungersnöte und Krankheiten entschieden über Leben oder Tod. Das zentrale Thema in der Natur lautet im Winter: Was will wirklich leben? Was darf sterben? Gute Vorsätze wie mehr sportliche Bewegung waren fern.

Lange Nächte sind eine Einladung, nach innen zu schauen. Welche Geschichten hast du in diesem Jahr erlebt, was hat dein Leben mit Wundern und Kummer begleitet? Welche Erfahrungsschätze haben dein Leben durch dieses Jahr begleitet? Durch die Ruhe des Winters können wir die Erfahrungen des Jahres in und auf uns wirken lassen. Ist unsere Aktivität auf die Innenschau konzentriert, bündeln wir Kraft für die kommenden Schritte.

Mit der Wintersonnenwende am 21. Dezember, der längsten Nacht des Jahres, beginnt endlich die helle Hälfte des Jahres. Das Licht scheint jeden Tag ein paar Minuten länger. In dieser Zeit wächst die Vorfreude über die Wiedergeburt des Lebens. Wir erinnern uns an das Frühjahrsgrün, und jeder Sonnenstrahl wird mit Wonne begrüßt. Die Feier des Lebens und des Todes wird durch die verschiedensten Bräuche zelebriert. Den Ahnungen in den Herbsttagen folgen konkretere Bilder. Die inneren Ziele wollen »ausgebrütet« werden.

Fegen die ersten Februarstürme durch das Land, dann ist …

… der **Frühling** nicht mehr weit, heißt es im Volksmund.

Mit zunehmendem Licht und steigenden Temperaturen rühren sich die Säfte. Unser Samenkorn erwacht, treibt aus und durchdringt die Erdschicht. Zart zeigt sich das sichtbare Leben, frisches Grün reckt sich dem Licht und der Wärme entgegen. Aus dem Samenkorn ist nun ein Keim gewachsen. Eine selbstständig lebensfähige junge Pflanze hat den Winter überlebt. Diese nimmt Form an und man erkennt, aus welcher Pflanzenfamilie sie stammt. Um überleben zu können, braucht die junge Pflanze Kraft und Durchsetzungsvermögen. Die Naturkräfte erwachen. Überall ist der Zauber des Neubeginns zu fühlen. Die ungezügelte Kraft des Eros wirkt, es ist Balzzeit. Zeugungsdrang und Revierkämpfe. Quirlige Lebendigkeit umgibt uns. Die Blüten verlassen den Schutz der Knospe und verströmen ihren verlockenden Duft. Erste Frühlingsboten wie Weidenkätzchen, Schneeglöckchen, Krokusse und auch Wildkräuter gedeihen. Die Insekten schwärmen umher und ein Summen ist überall zu hören.

Die Vögel sind fleißig mit Nestbau und Eiablage beschäftigt. Jungtiere erobern die Erde. Nach der Blüte entfalten auch die Bäume ihre Blätter. *Die Blüten des Frühlings sind die Träume des Winters,* lautet ein chinesisches Sprichwort.

Was wir Menschen im Herbst an Ahnungen in die Erde gesät haben, beginnt sich nun zu entfalten. Projekte und Ziele nehmen Gestalt an. Mit der Auferstehung des Lichts wird unsere Inspiration gestärkt. Von der Natur bekommen wir »grünes« Licht. Unsere Sinne erwachen. Gerüche werden intensiver wahrgenommen und unsere Neugier ist geweckt.

Was habe ich in der dunklen Jahreshälfte gelernt und was möchte ich im Frühling verändern? Was unterstützt mich in meiner Kreativität? Was erweckt meine Lust? Wie gestalte ich mein Leben? Wie kann ich meine Lebensfreude im Frühling zum Ausdruck bringen? Was stärkt mich in meiner Entschlusskraft? Die zunehmende Intensität der Sonne entfacht das Feuer der Lebendigkeit. In uns regen sich die ersten Frühlingsgefühle. Die Naturkräfte erwachen und fordern uns auf, aktiv zu werden. Haben wir uns im Winter nicht genügend regeneriert, dann kann der Überschwung der Naturkräfte uns noch überfordern. Viele Menschen leiden dann an einer »Frühjahrsmüdigkeit«. Sie macht deutlich, wie wichtig Winterruhe und Regeneration für uns sind.

Körperliche Aktivität kann helfen, die Kräfte in uns ins Fließen zu bringen. Neue, frische Impulse, Hoffnung und Sehnsüchte erwecken die noch träumende Seelenlandschaft. Der Ruf der Vision erklingt und Kraft bricht sich Bahn nach außen. Das Wagnis des Neuanfangs stärkt die *Wildnatur* in uns. Diesen Wagemut brauchen wir auch, wenn wir uns auf unbekannte Wege begeben. Waren unsere Ideen und Visionen im Winter noch Gedankenspiele, so wollen sie nun tatkräftig umgesetzt werden.

Irgendwann, fast unmerklich, geht die erlösende Wärme des Frühlings in die …

… Hitze des **Sommers** über.

Zeit des üppigen Wachstums, der zielgerichteten Ausdehnung, der Kreativität, der Fülle. Durch die höchste Kraft des Lichts expandiert alles im Überfluss. Vielfalt breitet sich aus. Bunte Farbenpracht. Im Hochsommer wirken alle Kräfte der Natur zusammen. Duftende Wildblumenwiesen. Die Reifung von Früchten und Gemüse beginnt. Und langsam bilden sich neue Samen für den kommenden Herbst. Unser Held, das Samenkorn, ist gewachsen, seine Wurzeln sind gefestigt, auch er bildet seine erste Frucht.

Uns Menschen ruft es ins Freie. Unsere Körper sind leicht bedeckt und berühren warme Erde. Marmeladengläser füllen sich. Die Sonne schenkt uns Energie für lange, durchtanzte, wilde Sommernächte. Welche Sommergeschichten können wir sammeln? Wie hüten wir diese Feuerkraft für den Winter? Ist man der Hitze der Sommertage ausgesetzt, dann tut man gut daran, sie für kalte Wintertage zu speichern. Eine gute Möglichkeit ist, Heilkräuter wie Johanniskraut, Lindenblüten oder Beifuß zu sammeln. Je länger die Pflanzen der Sonnenkraft ausgesetzt sind, desto besser können sie uns in Wintertagen an die Kraft der Lebendigkeit im Sommer erinnern. Nach der Sommersonnenwende wird langsam wieder die dunkle Jahreshälfte eingeläutet. Die Hitze des Sommers wird durch den Altweibersommer abgelöst. Spinnenwebgespinste verweben sich mit der Luft. Es ist Erntezeit. Hüten, sammeln, sortieren, weben, Kräfte bündeln. Wenn sich die ersten Nebel bilden, ruft die Herbstweisheit. Am Tag der Herbst-Tagundnachtgleiche sind Tag und Nacht gleich lang. Was habe ich erwirtschaftet? Was war hilfreich, was nicht? Wieder beginnt die Phase des Entscheidens und des Seinlassens.

Durch die vollendete Reifung entsteht ein neues Samenkorn, es trägt die Lebensinformation für einen neuen Jahreskreis in sich. Unser Blick beginnt, sich wieder nach innen zu richten. Nun startet erneutet ein Lebenszyklus. Der Kreis schließt sich.

Der Zyklus der Jahreszeiten gleicht einem ganzen Leben. Frühling: Heranreifen, Kindheit und Pubertät. Aus dem Frühling wachsen wir in den Sommer des Lebens: Fruchtbarkeit, Sesshaftigkeit und Selbstständigkeit. Es folgt der Herbst des Lebens: Wechseljahre, Reife und Übergang in den Ruhestand. Haben wir fürsorglich gewirtschaftet, dann können wir aus der Ernte des Lebens zehren für den Winter unseres Lebens.

ÜBERSICHT JAHRESLAUF

Himmelsrichtung	Lebensjahre	Kraft	Fest	Emotion	Pflanze	Jahreslauf
Osten	0–20 Jahre	Aktivität	Frühjahrs-Tagundnachtgleiche (Ostern)	Aufstieg	Keim, Blatt	Frühling
Süden	20–50 Jahre	Kreativität	Sommersonnenwende (Johannis)	Weite, Reife	Blüte	Sommer
Westen	50–70 Jahre	Visionen	Herbst-Tagundnachtgleiche (Michaelis)	Abstieg	Frucht, Samen	Herbst
Norden	ab 70 Jahre	Bewusstsein	Wintersonnenwende (Weihnachten)	Tiefe, Rückzug	Wurzel	Winter

ÜBUNG: DIE RICHTIGEN FRAGEN ZUR RICHTIGEN ZEIT

Die folgenden Fragen können dir helfen, im Einklang des Jahreslaufes nach Antworten zu suchen. Blicke auf dich und deine Situation – vielleicht sind deine jetzigen, deine akuten Sorgen und Themen genau zur richtigen Zeit in den Rhythmus der Natur eingebettet, ohne dass du es weißt?

Fragen für den Frühling:

- Welche Bewegung tut mir gut?
- Was stärkt meine Lebenskraft?
- Welche neuen Lebensimpulse möchte ich setzen?
- Was hilft mir, meine Projekte zu gestalten?
- Was sind meine Potenziale?

Fragen für den Sommer:

- Wie kreativ bin ich?
- Was erweckt meine Lust?
- Wie nähre ich mein Lebensfeuer?
- Wie kommuniziere ich mit der Mitwelt?

Fragen für den Herbst:

- Was blockiert mich?
- Wovon kann ich mich trennen?
- Was kann ich sein lassen?
- Welche Kräfte tun mir nicht gut?
- Was konnte ich dieses Jahr ernten?
- Was ist mir gelungen?

Fragen für den Winter:

- Was unterstützt mich in der Entspannung?
- Wo komme ich zur Ruhe?
- Was will ich verändern?
- Wovon träume ich?

AFFIRMATION

*»Alle Jahreszeiten wirken in mir.
Ich bin Frühling, Sommer, Herbst und Winter.
Ich bin Tag und Nacht.«*

KAPITEL 6

DIE WILDNATUR IM GROSSSTADTDSCHUNGEL

Der Sinn des Lebens besteht darin, deine Gabe zu finden.
Der Zweck des Lebens ist, sie zu verschenken.

Pablo Picasso

URSPRÜNGLICHE NATUR IM KULTURRAUM

Weltweit lebt heutzutage die Mehrheit der Menschen in Städten, in Deutschland liegt der Anteil der Stadtbewohner bei rund 75 Prozent der Bevölkerung. Das hört sich für dich vielleicht widersprüchlich an, aber: Die Wildnatur im Menschen begegnet uns an keinem Ort mehr als im Dickicht des Großstadtdschungels. Warum ist das so? An jeder Ecke, in jeder Wohnung, in jedem Haus, unter den Straßenbrücken – draußen wie drinnen, überall leben Menschen, die versuchen, ihrer Individualität Ausdruck zu verleihen. Jeder kennt die Alltags*wildnis*geschichten von Freunden und Nachbarn. Es sind Geschichten voller Mut, Hoffnung, Verzweiflung, Melancholie und Liebe. Menschen versuchen sich auszuleben, manchmal durch ungewöhnliche, verrückte äußere Erscheinungsbilder wie Männer in Röcken, Frauen mit pinkfarbenen Haaren, Dreadlocks, volltätowierten Körpern oder als Straßenkünstler. Man muss schon ein wenig Rückgrat haben, wenn man sich den wertenden, oftmals abfälligen Blicken seiner scheinbar »normalen« Mitbürger aussetzt. Oder vielleicht kennst du eine Nachbarin, die gerade zum – wilden – Sprung in die Selbstständigkeit ansetzt, ohne zu wissen, ob sie es schaffen wird? Oder einen Jungen, der sich der Kunst widmet, und das gegen den Willen seiner Eltern? Oder einen etablierten Anwalt, der eines Tages beschließt auszusteigen und sich auf eine langjährige Weltreise verabschiedet? Dem Ruf seiner Wildnatur zu folgen, erfordert Wagemut und Selbstbewusstsein.

Wo sonst ist in unseren Städten Wildnis erlebbar? Ich selbst bin in einer Hochhaussiedlung in Hamburg aufgewachsen, man kann sagen: in einem Getto. Der Migrantenanteil war hoch. Polen, Türken, Afghanen, Iraner, Albaner, Nigerianer, Roma, Sinti und Deutsche lebten auf engem Raum. Viele Arbeitslose, hohe Kriminalität, eine brodelnde Mischung, man musste schon auf sich achtgeben. Dieses Umfeld war weit entfernt von allem, was man sich unter Idylle vorstellen kann. Zwischen unseren Häuserblöcken wuchsen nur ein paar vereinzelte Bäume auf ungepflegten Grünflächen.

Im Lauf der Zeit zog es mich Stück für Stück weiter hinaus, ich blieb der Großstadt aber noch lange treu. Was ich früh über die Natur erfuhr und was ich dir erzählen kann, habe ich also letztlich noch in der Großstadt Hamburg gelernt. Um als Kind ein Gefühl für Natur und Wildnis zu bekommen, musste ich gar nicht in die Ferne reisen, ich brauchte dafür keine Tundren, Steppen oder Urwälder. Mir genügte ein Bachlauf, der gerade mal zehn Minuten von unserer Wohnsiedlung entfernt lag. Dort begab ich mich in die Obhut der Natur. Auenlandschaften, Schrebergärten, Wiesen und ein Grüngürtel bildeten die Landschaft um den Bachlauf herum. Hier hatte ich Platz zum Spielen und einen Rückzugsraum, wo ich meinen (Wissens-)Durst nach Natur stillen konnte. Die Natur lehrte mich, in Kreisläufen zu denken. Sie offenbarte mir ihren Überlebenswillen. Sie forderte mich zum Beispiel auch auf, so genau wie möglich den Boden durch Riechen zu erkunden. Ich lernte, dass die Dornen der Büsche zur Abwehr dienen und wie sich Pflanzenranken schützend um einen frisch beschnittenen Strauch winden. In den Sommermonaten trocknete der Bach aus, und nach langem Regenfall war der Wasserstand hoch. Was eine große Freude für mich war, denn dann konnte ich stundenlang den Bachlauf barfuß rauf und runter laufen. Das ist noch heute eine wahre Wonne für mich: meine Füße ins Wasser halten.

An meinem kleinen Bachlauf beobachtete ich, dass sich Füchse in der Stadt sicherer fühlen als auf dem Land, weil ihnen keine Gefahr durch Jäger droht. Von meiner Grünflache aus konnte ich Bussarde beobachten, mit Spatzen singen, Fledermäuse bei ihren Flugkünsten bestaunen und mit den Ratten spielen. Ja, auch das! Ich war als Kind sehr viel alleine, oft ganze Tage lang, doch einsam

habe ich mich nie gefühlt. Meine verstorbene Oma, von der ich schon sprach, und auch mein Vater waren als Schutzgeister immer für mich spürbar.

Die Natur in einer Stadt verlangt von uns viel Achtsamkeit. Wenn man nur flüchtig an ihr vorübergeht, wird man die Wildnis einer Großstadt kaum entdecken. Das Phänomen der Landflucht findet man nicht nur bei den Menschen, sondern auch bei vielen einheimischen Tieren. Der Spatz beispielsweise ist häufiger in den Städten zu finden als auf dem Land. Warum? Die Veränderung der Landwirtschaft und der Anbaumethoden machen dem kleinen Vogel das Leben auf dem Land schwer. Insekten und wilde Sämereien, eine wichtige Nahrungsgrundlage, verschwinden immer mehr und es werden immer weniger frei lebende Hühner gehalten, an deren Futter Spatzen sich seit jeher gerne bedienen. Man sieht mehr Kaninchen im Stadtpark herumhoppeln als in den Wäldern. Kaninchen können sich gut neuen Lebensbedingungen anpassen, und in der Stadt können sie sich vermehren ohne Gefahr durch Jäger und natürliche Feinde. Die weitverbreitete Monokultur auf dem Land hat Nahrungsmangel für viele Tiere zur Folge. Mir stellt sich die Frage: Welches Lebewesen fühlt sich denn wohl in der Monotonie von Raps-, Mais- und Weizenfeldern?

Da wundert es kaum, wenn manche Vogelarten lieber in friedlichen Parklandschaften nisten als in der Nähe von Ackerfeldern, die von Chemie belastet sind. Auch Eichhörnchen sind echte Stadtliebhaber. Ratten bewohnen Fußgängerzonen, haben oft sämtliche Scheu vor den Menschen verloren und zeigen sich tagsüber gesellig bei der Nahrungssuche. Und wer im Sommer gemütlich sein Feierabendgetränk vor der Gaststube trinkt, kann nicht selten das Treiben von Mäusen beobachten. Die Stadtnatur bietet Schlupflöcher für unzählige Tierarten. Es gibt sie also, die kleinen ökologischen Nischen der Wildnis in der Großstadt.

In unseren Städten haben die Menschen in die Natur eingegriffen, indem sie künstliche Naturlandschaften geschaffen haben: Stadtparks, Wiesen, Flüsse, botanische Gärten, Wälder, Seen, Flusskanäle, Kleingärten, blühende Gärtenflächen, Schlossgärten, Volksparks, Hofgärten. Ein Grüngürtel dient als Sammelbecken für Mensch, Tier- und Pflanzenwelt. In den Frühlings- und Sommermonaten tummeln wir uns gerne in der freien Natur, um zu chillen, zu grillen, zu feiern … Wenn ich durch Parklandschaften wandere und sehe, mit welcher Würde Linden, Eichen oder Buchen alt werden können, bin ich berührt. Hier werden diese oft uralten Geschöpfe geschützt. Kleine Schilder weisen auf Alter und Gattung hin. In unseren Nutzwäldern – allein der Begriff sagt alles – sieht das anders aus.

Wer übrigens wirkliche Ruhe in der Stadt sucht, einen Ort, an dem man ungestört ist, sollte an die oft wunderschön angelegten Friedhöfe denken. An keinem Ort kannst du dich deinen Emotionen so hingeben wie auf einem Friedhof. Die wenigen Menschen, denen du dort begegnest, werden Verständnis haben, wenn du weinst oder zu deinen Ahnen

sprichst. Der Ohlsdorfer Friedhof in der Hansestadt Hamburg gilt mit fast vier Quadratkilometern als größter Parkfriedhof der Welt. Friedhöfe sind Plätze der Ruhe und des Friedens.

DEIN BEITRAG FÜR MEHR STÄDTISCHE WILDNIS

Wie schaffe ich Wildnis in der Stadt? Jeder kleine Garten und jeder bepflanzte Balkon kann dein persönlicher Beitrag zur Schaffung von Stadtnatur sein. Ein kleiner Tipp: Kauf in der Gärtnerei einfach Samenmischungen für Wildblumen. Streu die Samen in deinen Blumenkasten, ins Gartenbeet oder in die Hecke. Von Frühling bis Herbst werden Wildblumen in herrlicher Farbenpracht erstrahlen. Vielleicht finden auch seltene einheimische Arten wie Knabenkraut, Sonnentau, bestimmte Moosarten, Schlüsselblume, Zistrosengewächs bei dir Zuflucht. Gib der Wildnis in deiner Umgebung Raum. Nicht schneiden, nicht mähen, nicht düngen – sondern einfach wachsen lassen und beobachten, welche Pflanzen sich ansiedeln und welche Insekten angelockt werden. Oder lass einen Blumentopf – nur mit Erde gefüllt – einfach im Garten oder auf der Terrasse stehen. Und lass dich überraschen, was wachsen wird.

Man mag es kaum glauben, aber gerade in städtischen Parks wachsen auch etliche Wildkräuter, solche, die auf dem Land wegen des Einsatzes von Pestiziden und Unkrautvernichtungsmitteln bedroht sind. Wildblumen und Wildkräutern kommt auch in der Stadt eine besondere Bedeutung zu, denn sie sind wichtige Nahrungsgrundlage für viele Insektenarten und zahlreiche Kleintiere. Glücklicherweise haben viele Leute heute ein besseres Verständnis für das ökologische Gleichgewicht. Wildwiesen werden jetzt wieder bewusst angelegt, Hecken und Waldränder werden wild wachsen gelassen. Wo immer du in der Stadt Raum für Wildes schaffen kannst, bitte tu es!

Die Natur hilft uns dabei. Denn sie ist eine Meisterin darin, Verlorenes zurückzugewinnen. Ihre stärkste »Waffe« ist die Zeit. Wenn du das nächste Mal an einem Bauplatz vorbeigehst und dir den Bauschutt anguckst, kannst du fast dabei zusehen, wie sich Wildkräuter wie beispielsweise Beifuß, Brennnessel, Ackerschöterich oder Knoblauchrauke ihren Lebensraum zurückerobern. Die Wildnis ist schrankenlos. Sie will und wird sich in ihrer Fülle und Pracht Raum schaffen. Die Natur kennt keine Grenzen und keine Mauern.

ÜBUNG: ERSTELLE DIE GRÜNE LANDKARTE DEINER UMGEBUNG

Uns umgibt mehr Natur, als wir denken. In jeder Stadt gibt es Grünflachen. Vielleicht muss man zehn Minuten zu Fuß dorthin gehen, aber ich bin sicher, du wirst in unmittelbarer Umgebung fündig werden. Dafür braucht es einen achtsamen und wertschätzenden Blick auf das, was uns umgibt.

Erstell eine grüne Landkarte deines Straßenblocks! Welche Bäume stehen in deiner Straße? Wie alt sind sie? Wie viele Bäume kannst du bis zur nächsten Haltstelle zählen? Welche Tiere nisten und bewohnen den Baum? Gibt es Wasser in der Nähe? Welche Tiere leben im und auf dem Wasser? Welche Wildkräuter wachsen am Wegesrand? Wo geht die Sonne auf und wo geht sie unter? Osten, Süden, Westen, Norden – wohin schaust du aus deiner Wohnung? Was für Steine findest du am Wegesrand? Welche Sträucher wachsen dort? Welcher Vogel singt als am Morgen als Erster? Was gefällt dir am besten? Und warum? Wenn du manche dieser Fragen nicht alleine beantworten kannst, frag einen Mitmenschen.

Du kannst die Liste erst einmal für dich allein anfertigen und dann bittest du einen Nachbarn, ein Familienmitglied, einen Freund oder WG-Mitbewohner, ebenfalls eine solche Liste zu erstellen. Vergleicht eure Wahrnehmungen der Natur. Wo liegen die Unterschiede und die Gemeinsamkeiten? Je mehr du hinschaust, desto länger wird deine Liste.

Natürlich kann die Stadtnatur, wie ich sie beschrieben habe, kein Ersatz sein für Natur und Wildnis auf dem Land, für Wälder, Wiesen, Flussufer und vieles mehr. Auf dem Land ist man der Natur einfach näher. Aber der Rückzug aufs Land entspricht eben nicht der Lebensrealität der meisten Menschen, die einen Job in der Stadt haben, wo die Kinder zur Schule und später auf die Uni gehen, wo Freunde und Netzwerke sind.

Was ich dir in diesem Kapitel hoffentlich habe vermitteln können, ist die Erkenntnis, dass du nicht unbedingt im Wald oder auf dem Land leben musst, um im Alltag Natur erfahren zu können. Auch wenn sich in Städten die ganze Fülle der Wildnis nicht wiederfinden kann, so haben wir uns doch kleine Oasen der Wildnis geschaffen. Und auch in der Stadt gilt das oberste Gebot der Wildnis: Vielfalt statt Einfalt!

AFFIRMATION

»Ich will meine Fülle leben und die Vielfälitgkeit sein lassen.«

KAPITEL 7

DIE NATUR IM ALLTAG

Morgenstern

Rezept für einen Tag voller Himmelslicht.
Noch eingehüllt in die wohlige Wärme der Decke,
einen großen Schluck leuchtende Morgensonne gegen das Dunkel der Nacht.
Eine kräftige Prise Fröhlichkeit, ein Lächeln versuchen.
Eine Handvoll Geduld und Nachsicht mit den eigenen Plänen,
dazu ein Hauch Milde und Achtsamkeit als Balsam für die eigene Seele,
ein großer Happen Mut und alles einen Moment wirken lassen –
innehalten vor diesem Tag voll noch unentdeckter Schönheit.
Und dann, mit einem tiefen Atemzug und einem ersten Schritt den Tag öffnen,
neuer Tag, neue Stunde – mir geschenkt.

Einzunehmen täglich, morgens auf nüchternen Magen.
Dosierung: unbegrenzt.
Nebenwirkungen: keine.

Sabine Schaefer-Kehnert

WAS IST ALLTAG?

Begebe ich mich auf eine Spurensuche, um die Bedeutung des Wortes »Alltag« zu ergründen, fällt mir eines deutlich auf: Routinierten Abläufen, die unser tägliches Leben bestimmen, wird immer gleich eine Wertung mitgegeben. Es tauchen Schlagwörter auf wie »einerlei«, »gewöhnlich«, »Trott«, »Tretmühle«, »Eintönigkeit« und so weiter.

Synonyme für »Alltag« sind: Arbeitstag, Werktag, Wochentag, (veraltet) Werkeltag, ein ewiges/tägliches Einerlei, Alltagstrott … Dem Alltag wird nichts Positives beigemessen, Alltag gilt als lästig empfundene Routine, das Gegenteil von etwas Besonderem. Gewöhnlich, nicht außergewöhnlich. Ich habe das Gefühl, dass unserem alltäglichen Leben der Glanz verloren gegangen ist.

Aber muss das so sein? Wodurch zeichnet sich dein Alltag aus? Wie unterscheidet sich dein Alltag von dem deines Nachbarn oder eines Freundes? Wenn wir genau hinschauen und unsere vermeintliche Routine mit der von anderen vergleichen, erkennen wir schnell: Der Alltag eines jeden Menschen ist völlig unterschiedlich! Er ist so individuell, wie wir Menschen einzigartig sind. Wenn wir uns allein das vor Augen führen, bekommt unser Alltag gleich ein Stück Besonderheit. Es lohnt sich also, den Blick für die kleinen Dinge wieder zu schärfen.

Aber – wie schon erwähnt – viele Menschen können ihrem Alltag einfach nichts Schönes abgewinnen. Wenn ich meine Patienten nach ihren täglichen Handlungsabläufen befrage, haben ihre Antworten fast immer einen bitteren Beigeschmack. Sie berichten von Dauerstress, vom Druck ständiger Erreichbarkeit, davon, Netzwerke pflegen zu müssen, immer zu posten, sich immer mitzuteilen. Ich höre von Beziehungsproblemen, tagtäglicher langweiliger Hausarbeit, von Problemen bei der Organisation der Kinderbetreuung oder auch vom Ärger über Verspätungen im Straßenverkehr. Diese Probleme, der Stress des Alltäglichen, werden schnell fundamental und manifestieren sich in Gefühlen wie Existenzangst, Sorgen und Fragen wie »Was wird mit mir im Alter?« oder »Wie lange kann ich meine steigende Arbeitsbelastung noch bewältigen?«. Angst vor dem Scheitern und Versagen! Und dann die Schreckensnachrichten in den Medien, die uns mittlerweile rund um die Uhr erreichen und die wir kaum ausblenden können; auch sie hinterlassen immer mehr ihre negativen Spuren in unserem Alltag. Auf die Frage »Wie geht es Ihnen heute?« antworten die meisten Menschen daher auch: »Ich bin müde, habe keinen Antrieb, fühle mich kaputt, überfordert.«

Die wenigsten haben das Gefühl, ihren Alltag selbstbestimmt gestalten zu können. Wie aber schaffen wir das wieder? Können wir das Rad zurückdrehen? Indem wir zum Beispiel etwas SINNvolles tun? Indem wir uns sozial engagieren? Wenn ich meinen Patienten sage, sie sollen versuchen, Abwechslung in ihr Leben zu bringen, um den Alltag aufzubrechen, ernte ich oft nur ein Stirnrunzeln und höre Sätze wie: »Ich bin froh, dass ich alles irgendwie unter einen Hut bringe, mehr geht nicht.«

Schaffen wir uns dann doch mal Freiräume, halten wir es kaum 24 Stunden durch, ohne vom Schuldgefühl geplagt zu sein, nichts getan zu haben. Immer sitzt uns der Druck im Nacken, etwas organisieren, planen oder gestalten zu müssen. Wir stehen sozusagen von morgens bis abends vor einem ewigen Berg von To-dos – und das an jedem Tag aufs Neue.

Nicht jeder kann es sich finanziell leisten, aus seiner Routine auszubrechen, indem er sich einige Tage Urlaub gönnt. Dabei sind solche »Auszeiten« und »Rückzugsräume« besonders wichtig; sie werden als Erfahrungsschätze erlebt, als Möglichkeit für Energieaufbau. Urlaub ist Nahrung für unsere Seele. Doch leider habe ich mit den Jahren auch festgestellt, dass für viele selbst der Jahresurlaub nicht ausreicht, um sich dauerhaft von Stress und Belastungen zu erholen. Kaum ist man wieder zu Hause, zurück im Job, bahnt sich der (negativ besetzte) Alltag seinen Weg, die ungeliebte Routine – und das Gefühl, im Hamsterrad zu sein, kehrt zurück.

Wir sollten also lernen, unseren Alltag positiv zu sehen und neu zu besetzen. Und wir dürfen die Erholung nicht nur dem Urlaub überlassen, denn auch das kann schon wieder Stress bedeuten. Wir sollten nicht nur gut für uns sorgen, nein, wir sollten *besser* für uns sorgen. Doch hier fängt das Dilemma an: Die meisten haben es nicht gelernt, sich im Alltag Oasen der Ruhe und der Regeneration zu kreieren. Es fehlt an positiven Vorbildern, an Orientierung. Wie kann eine Gesellschaft, in der Leistung und Erfolg ganz oben auf der Werteskala stehen, vorbildlich sein, wenn es darum geht, einfach einmal nichts zu tun? Einfach nur mal dazusitzen. In den Himmel schauen. Den Wolkenformationen zugucken.

Die nächste Übung kann dir deutlich machen: Dein Alltag *ist* schön!

ÜBUNG: KLEINER BERG DER FREUDE

Für diese Übung brauchst du viele kleine Steine oder Bohnen oder Holzstückchen. Stell dir die Frage: »Was erfreut mich in meinem Alltag?« Völlig egal, um was es sich handelt: Sobald du etwas gesehen, erledigt, unternommen oder wahrgenommen hast, das dir ein gutes Gefühl und Freude bereitet, legst du einen Stein an einen Platz deiner Wahl. Hast du heute zum Beispiel eine schöne Mittagspause verbracht, dich gut mit Kollegen unterhalten oder ein gutes Telefonat geführt? Dann kommt ein Steinchen auf den Haufen. Warst du freundlich zum Postboten und hat er nett reagiert, dann kommt ein weiteres Steinchen auf deinen Berg. Im Laufe eines Tages (oder mehrerer Tage) wirst du erleben, wie dein Berg der Freude wächst. Erstelle eine positive Liste deiner Alltäglichkeiten, die dir Freude bringen, und du wirst deinen Alltag positiver erleben.

Eine Variante dieser Übung: Halte die Glücksmomente deines Alltags mit Handyfotos und Selfies fest, leg dir dein persönliches Glücks-Fotoalbum an und schau dir abends vorm Einschlafen die Bilder des Tages durch.

Bei der nächsten Übung handelt es sich um eine Reinigung, die mir im Alltag hilft, Situationen, in denen ich überreizt oder überlastet bin, abzumildern. Wenn du dich so fühlst, ist eine bewusste Unterbrechung des routinierten Ablaufs beziehungsweise des Alltags wichtig. Das erreichst du mit einem Reinigungsritual.

ÜBUNG: DIE REINIGENDE KRAFT DES WASSERS

Wie geht es dir heute? Gab es irgendetwas, das dich überfordert hat? Egal wo du jetzt gerade bist, unabhängig von der Uhrzeit, möchte ich dich bitten, in deiner Nähe ein Waschbecken aufzusuchen! Hältst du dich in der Natur auf, im Wald, dann schau, ob in der Nähe ein Bach oder See ist. Allein die Suche und der Weg dorthin lohnen sich. Diese Übung ist eine Einladung zu einer rituellen Waschung deiner Hände und deines Gesichts!

Du beginnst mit dem Waschen der Hände bis hinauf zu den Ellbogen, danach ist das Gesicht an der Reihe. Die Stirn soll dreimal mit viel Wasser gereinigt werden. Am besten dafür geeignet ist kaltes Wasser. Beim Waschen bitte das Wasser darum, dich von den Anspannungen des Tages zu reinigen. Lass dir Zeit! Die Zauberformel lautet: »Wasser, reinige mich von …« Beende den Satz für dich.

Rituelle Waschungen finden wir in den unterschiedlichsten Religionen und Kulturen auf der ganzen Welt und zu allen Zeiten. Wir waschen uns häufig am Tag die Hände, weil wir uns schmutzig fühlen und wenn uns etwas anekelt. Wir kommen tagtäglich mit Wasser in Berührung – ob beim Duschen, Baden oder bei einer einfachen »Katzenwäsche«. Viele Gedanken machen wir uns dabei in der Regel nicht. Wasser hat aber nicht nur die Kraft, uns sichtbar zu reinigen, die Reinigung mit Wasser hat auch eine feinstoffliche Komponente! Das Element Wasser muss nur wissen, was es für dich tun soll. Nach einer bewussten rituellen Waschung – wie sie in der vorherigen Übung beschrieben wurde – fühlen wir uns anders als zuvor. Das Gute an dieser Übung ist: Du kannst sie jederzeit machen, wenn du dich gestresst fühlst oder angespannt bist.
Und was äußerlich eine heilende Wirkung hat, lässt sich genauso gut auch innerlich anwenden. Probier es gleich aus: Füll ein Glas mit Wasser und trink es aus. Bei jedem Schluck bittest du das Wasser, dich zu reinigen. Trink langsam, kau die Schlucke. Das Resultat ist fast immer, dass du dich sofort vitaler fühlst. Wasser erhält einen höheren Stellenwert und bedeutet mehr, als »nur« Durstlöscher zu sein. Einen weiteren positiven Nebeneffekt hat die Übung auch, wenn du sie regelmäßig machst: Du trinkst mehr.

Reines, *stilles* Mineralwasser ist eine Grundvoraussetzung, um die Leistungsfähigkeit des Körpers zu erhalten. Stilles Wasser ist dem Körper bekannt, es ist natürlich. Wasser mit Kohlensäure ist künstlich verarbeitet und enthält Säure. Wasser hat zudem die Fähigkeit, Informationen zu speichern. Es hilft mit seinem Kreislauftransport der Haut und den Entgiftungsorganen Leber und Nieren, sich von Schadstoffen zu befreien. Nichts reinigt den Körper so gut wie stilles Wasser. Warmes/heißes Wasser ist besser geeignet als kaltes Wasser, da der Körper weniger Energie aufwenden muss, um es zu verarbeiten.

Tee, Süßgetränke, Kaffee und Säfte sind zwar auch Flüssigkeiten, haben aber zusätzliche Inhaltsstoffe wie Koffein, Fruktose und so weiter.

Wer gerade nicht gut schläft oder sich erschöpft fühlt und gerne seinen Kaffee am Morgen trinkt, sollte mal versuchen, eine Woche lang auf nüchternen Magen zwei Gläser heißes Wasser zu trinken und den Kaffee ausfallen zu lassen. Meine Erfahrungen und die meiner Patienten, denen ich diesen Ratschlag gab, haben gezeigt, dass man weniger erschöpft ist und besser schläft.

Oder probiere einmal die folgende Variante der Reinigung aus.

ÜBUNG: DAMPFBAD ZUR ALLTAGSREINIGUNG

Wenn ich das Gefühl habe, dass ich zu viel wahrnehme und meine Gedanken nicht mehr ordnen kann, dann gönne ich mir ein Melisse-Dampfbad für mein Gesicht. Die ätherischen Öle der Melisse haben eine entspannende Wirkung. Und sie machen die Haut zart und reinigen sie porentief.

Es geht ganz einfach: Gib eine Handvoll frischer Melissenblätter in eine Schüssel mit heißem Wasser. Lass den Dampf so lange auf die Haut einwirken, bis du spürst, dass du dich entspannst. Wirf ein großes Baumwolltuch über Kopf und Schlüssel, so können die ätherischen Düfte länger einwirken und verflüchtigen sich nicht sofort in der Raumluft.

Die Natur als Kraftquelle für jeden Tag

Gerade wegen der immer rasanteren Geschwindigkeit unserer Zeit ist unser Bedarf an Regeneration, an Pausen, an Leerzeiten größer denn je. Die Natur kann uns dabei helfen. Sich mit ihr zu verbinden hilft, verwurzelt den Lebensalltag besser zu gestalten. Im Gegensatz zu unserem hektischen Alltag ist der Rhythmus des natürlichen Lebens mit der Erde langsam und wiederholt sich kreisförmig. Blicken wir zurück, wie unsere Vorfahren lebten. Sie waren gar nicht erst darauf angewiesen, sich zu erden, denn sie lebten im Einklang mit den natürlichen Rhythmen der Natur. Wir dagegen haben uns entfremdet, was die Erdung umso wichtiger für uns macht.

Was uns im Alltag stärken kann, ohne viel Aufwand oder Kosten, das ist der Weg ins Grüne. Ob du dich für einen Spaziergang im Wald oder im Stadtpark entscheidest oder ob es dich in die Nähe des Wassers oder in die Berge zieht, jeder Gang in die Natur kann zur Entspannung beitragen und stärkt obendrein die Gesundheit. Hält man sich an der frischen Luft auf, steigt der Sauerstoffgehalt im Blut – und das wiederum fördert die Fähigkeit zur Konzentration. Licht verbessert die Leistungsfähigkeit; es stimuliert Hormone, die für unseren Stoffwechsel wichtig sind. Verlass mindestens einmal am Tag das Haus oder die Wohnung, geh raus, denn selbst an einem bewölkten Tag ist die Lichtintensität draußen deutlich stärker als drinnen.

Dass Bewegung guttut, weiß jeder. Wer draußen in der Natur ist, kann sich dort ganz nach seinen individuellen Bedürfnissen bewegen. Die Natur zu erleben und zu beobachten gibt uns Kraft. Fühle die Natur! Bei jedem Gang durch Natur und Wildnis durchwandern wir die Landkarte der Schöpfung. Berühren wir die Erde, sehen die Weite des blauen Himmels oder spüren die schützende Kraft der Steine, aus denen unsere Häuser erbaut wurden. Dann sind wir mit der Schönheit des Augenblicks verbunden.

Was macht es mit dir, wenn du dich im Freien bewegst? Was *berührt* dich? Vielleicht eine Katze am Wegesrand, die sich seelenruhig putzt, der Anblick der ersten Krokusse im Frühling oder aufgehende Kirschblüten im Park? Die Morgenröte, der Flug einer Möwe? Diese Momente sind kostbar. Mach dir das bewusst. Momente, in denen deine Gedanken mal nicht um Sorgen oder Nöte kreisen, sondern einfach durch Landschaften streifen. Du bist ganz bei dir, bist im Bewusst-Sein. Vielleicht weckt die Klarheit der Luft in dir das Bedürfnis, dich von Ballast und Verpflichtungen zu befreien. Oder du merkst nach einem ausgiebigen Spaziergang, dass dein Körper erschöpft ist, und gönnst dir Schlaf.

Die Natur schafft es mit ihrer unglaublich breiten Vielfalt an Formen, Farben und Gerüchen perfekt, unsere Sinne abzulenken, die sich von morgens bis abends auf technische Geräte konzentrieren. Jeder natürliche Reiz ist uns vertrauter, als es künstliche Reize wie zum Beispiel Straßenbeleuchtung, Verkehrslärm, aromatisierte Duftstoffe oder Bildschirmanimationen jemals sein können. Beim Blick in die Weite der Landschaft entspannt sich unsere Augenmuskulatur. Das Spiel von Licht und Schatten ist faszinierend. Erkunde, was die Vielfalt der Natur für dich bereithält. Du wirst feststellen, wie gut und wie schnell du dich entspannst. Wir sind umgeben vom Mysterium der Erde. Tag und Nacht. Die Kraft der Natur kann dich aus dem Alltagsbewusstsein erwecken.

Der Aufenthalt im Freien ist eine Einladung, sich frei von Logik und Verstand staunend durch die Schönheit der Natur zu bewegen, gedankenverloren zu wandern. Erinnere dich: Du selbst bist Teil dieses Wunderwerks! Ganz gleich, mit welchen Emotionen du hinausgehst, du wirst verändert die Haustür wieder aufschließen! Das ist eine Pausenkraft für die Seele.

Viele Menschen sind so sehr an Reizüberflutungen gewöhnt, dass der Organismus eine Weile braucht, um in der Natur »anzukommen«. Möglicherweise ist man von der Natur auch erst mal gelangweilt, besonders Kinder, deren Sinneswahrnehmung durch Computerspiele damit vertraut ist, laute und schnell wechselnde Bildern zu verarbeiten; da ist ein ruhiges Bild der Landschaft kein großes Highlight.

Meine Hündin Thelma, mit der ich oft durch die Natur streife, ist für mich eine Lehrmeisterin darin, nicht gestresst und hektisch durch die Wälder zu laufen. Immer wieder erinnert sie mich daran, wie gut es tut, in Ruhe zu verweilen und andächtig an einem Grashalm zu schnuppern. Oder spielend die Natur zu erobern.

HEILENDE NATÜRLICHKEIT

Was mich immer wieder sehr berührt, sind Lebensgeschichten von Menschen, die seelische Verletzungen durch andere Menschen erfahren haben und deren Vertrauen dadurch zutiefst erschüttert ist. Leider ist die dunkle Seite des menschlichen Handelns stets gegenwärtiges Thema in meiner Praxis. Gerade wenn schwere Traumata durch sexuelle oder körperliche Gewalt in der Kindheit erlebt wurden, kann die Bindungsfähigkeit von Mensch zu Mensch beeinträchtigt sein, nicht aber die zur Natur. »Tieren kann ich mehr trauen als Menschen«, höre ich dann. Die Natur wird als Verbündete und als Kraftquelle des Lebens verstanden. Die Verbindung zu Tieren, zu Pferden, Hunden, Katzen, Hasen oder Wellensittichen, leistet einen heilsamen therapeutischen Beitrag im Überlebenskampf. Die Natur wird nicht als gefährlich, verletzend, grenzüberschreitend wahrgenommen, sondern als Schutzraum. Manchmal ist die Hinwendung zu Tieren und Pflanzen die einzige Form von seelischer Zuwendung. Beispielhaft ist vielleicht die Geschichte einer meiner Patientinnen, die ich hier Sylvia nennen möchte. Sie ist in einer schwierigen Familie aufgewachsen, beide

Elternteile waren Alkoholiker. Wenn sie betrunken waren, kam es nicht selten vor, dass sie die Tochter für jeden noch so kleinen Fehler mit Prügel bestraften. Sylvia sagt heute, wenn ihre Katze sich nicht auf die schmerzenden Stellen am Körper gelegt hätte, dann wäre sie heute nicht mehr am Leben. Tiere sind auch kraftvolle Begleiter für Menschen in Altersheimen, für Schwerkranke oder Menschen mit Handicaps.

Ein kleines alltägliches Beispiel dafür, wie gut die Natur uns tut: Wer mit Haustieren aufwächst, entwickelt ein besseres soziales Verhalten. Haustiere bereichern das Familienleben, und besonders Kinder profitieren vom Kontakt mit ihnen. Wachsen Kinder mit Haustieren auf, sind sie ruhiger, sie übernehmen früher Verantwortung und lernen besser. »Studien belegen den Zusammenhang von sozialer Intelligenz und dem Besitz eines

Haustieres in der Kindheit«, so Andrea Beetz, Leiterin der Forschungsgruppe Mensch und Tier am Institut für Pädagogik der Friedrich-Alexander-Universität Erlangen-Nürnberg.

»Positive Auswirkungen auf Leistung, Gesundheit und Sozialverhalten treten jedoch nur bei Kindern ein, die sich aktiv und konstant mit dem Tier beschäftigen«, sagt Diplom-Psychologe Jens Kaufmann. Streichelt man ein Tier länger als zwei Minuten, dann werden sogar Glückshormone, die sogenannten Endorphine, freigesetzt.

Kinder sollten so früh wie möglich lernen, mit der Natur zu leben – indem sie so viel wie möglich im Freien spielen. Kinder lieben es, sich auszutoben. Am besten schafft man ihnen ein Umfeld, in dem sie ihren Bewegungsdrang ausleben können – mit Klettermöglichkeiten, Verstecken, Hindernissen, festem und weichem Boden. Ihre soziale und motorische Entwicklung wird dadurch verbessert. Wo, wenn nicht in der Natur, haben Kinder unbegrenzten Raum zum Austoben? Jede Aktivität steigert die Kondition und reduziert Stress. Kinder benötigen aber auch Rückzugsmöglichkeiten und Freiräume, in denen sie ungestört ihren eigenen Tätigkeiten nachgehen können, ohne die Kontrolle der Erwachsenen. Der Umgang mit natürlichen Materialien wie beispielsweise

Holz, Laub, Erde und Wasser und das Erleben von Vorgängen in der Natur – wie das Säen, das Pflegen der Pflanzen und Ernten – sind eine wunderbare Abwechslung oder Ergänzung zum schulischen Alltag. Fantasie und Kreativität werden gefördert.

Für die Kindesentwicklung ist es wichtig, auch mal frei von künstlich gefertigten Orten, ohne Spielzeug oder Autos, die Umgebung zu erkunden, sonst verkümmert die emotionale Bindungsfähigkeit der Kinder zur Umwelt. »Eltern sollten die Wildnis in ihrer Lebensumgebung zulassen – und die Unordnung erlauben, die damit einhergeht. Denn Wildnis zulassen heißt Freiheit zulassen. Nicht alle Flecken im Garten müssen gemäht und gestutzt werden. Eine Wiese soll wuchern dürfen. Kinder brauchen Ecken, in denen sie sich einrichten und eigene Landschaften aufbauen können – mit Matschhaufen, Seilen, Brettern, Ästen, einfachem Werkzeug. Der Garten sollte zum Erlebnisraum des Kindes werden. Ein Kubikmeter Muttererde kostet wenige Euro, eignet sich aber hervorragend als wilde Sandkiste, deren Ränder im Sommer von Mohn und Wicken überwuchert werden«, so erklärt es der Biologe und Philosoph Andreas Weber in seinem Buch *Mehr Matsch! Kinder brauchen Natur.*

Doch zurück zu unserem Ausflug in die Natur, der unsere Sinne berühren soll.

Kennst du dieses Gefühl: Du nimmst einen tiefen Atemzug, atmest den Duft von Heuwiesen, Nadelwäldern, Herbstlaub oder salzigem Meer ein? Mir genügt allein schon die Vorstellung, die Erinnerung daran – und innerhalb einer Sekunde fühle ich mich entspannter. Natürliche Düfte, vor allem natürliche

ätherische Öle, fördern unsere Entspannung. Schau dich im Wald oder auf der Wiese nach Wildkräutern um, viele von ihnen haben seit Urzeiten unverändert ihre Form beibehalten wie zum Beispiel Ackerschachtelhalm und Bärlapp.

Wildkräuter besitzen Mineral- und Vitalstoffe sowie wichtige Heilsubstanzen. Sie wachsen in Parkanlagen, im Wald, im eigenen Garten oder an vielen Wegesrändern (dort bitte nicht sammeln!). Aus ihnen lassen sich ganz einfach köstliche Kräutertees herstellen. Wildkräuter haben eine längere Sättigungsdauer und viel mehr Nährstoffe als Kulturpflanzen und Kulturgemüse. Sie sind robust, widerstandfähig, gesund – und alle diese Eigenschaften nehmen wir in uns auf, wenn wir sie essen oder eben trinken. So wie es einst in der Antike der griechische Arzt Hippokrates formulierte: »Eure Nahrungsmittel sollen eure Heilmittel und eure Heilmittel sollen eure Nahrungsmittel sein.« Fast jedes unveränderte Lebensmittel (= Mittel zum Leben), das also nicht von Menschenhand denaturiert ist, dient der menschlichen Gesundheit. Es ist deshalb wichtig, dass wir genau hinschauen, welche Nahrungsmittel wir zu uns nehmen. Wir müssen lernen, wieder wahrzunehmen, was wir essen. Je natürlicher zum Beispiel Obst, Gemüse und Kräuter heranreifen, desto kräftiger sind sie in Geschmack, desto reicher an Inhaltsstoffen – und umso gesünder.

LIEBLINGS-REZEPTE FÜR BESONDERE ANLÄSSE

Ich verrate dir jetzt einige meiner Lieblingsrezepte mit Wildkräutern.

REZEPT:
NEUN-KRÄUTER-VITALSUPPE

Im Frühjahr liebe ich es, mir eine »Neun-Kräuter-Vitalsuppe« zuzubereiten. Sie erweckt die Frühlingskraft und hilft gegen die Frühjahrsmüdigkeit, da der Stoffwechsel durch die Kräuter angeregt wird.

Du brauchst:

- 300 g Frühlingskräuter, und zwar neun unterschiedliche wie z. B. Gundermann, Schafgarbe, Brunnenkresse, Gänseblümchen, Brennnesseln, Giersch, Vogelmiere, Bärlauch, Scharbockskraut
- 1 Handvoll Löwenzahnblüten
- 1 Zwiebel
- 1 kleine Knoblauchzehe
- 60 g Margarine
- 2 EL feines Dinkelvollkornmehl
- ¾ l Gemüsebrühe (selbst gemacht oder aus dem Glas)
- 250 g Sahne oder Sojasahne (als vegane Alternative)
- nach Belieben Salz/schwarzer Pfeffer

1. Die Kräuter ins Wasserbad legen und anschließend trocken schütteln, die Blätter werden fein gehackt. Die Löwenzahnblühten abbrausen und vorsichtig trocken tupfen. Die Zwiebel und den Knoblauch schälen und fein hacken.

2. In einem Topf Margarine zerlassen, Zwiebel und Knoblauch darin glasig dünsten. Mit Mehl bestäuben und unter Rühren kurz anschwitzen. Die Hälfte der Brühe und die Sahne dazugießen, unter Rühren aufkochen und bei mittlerer Hitze 5 Minuten kochen lassen. Die Suppe mit Salz und Pfeffer würzen.

3. Anschließend die Kräuter langsam in die heiße Suppe geben und ca. 3 Minuten kurz aufwallen, aber nicht mehr kochen lassen. Die Suppe abschmecken.

4. Mit Löwenzahnblüten garnieren.

Wo sollten die Wildkräuter gesammelt werden? Am besten an Orten, die möglichst natürlich geblieben sind: Feuchtwiesen, humusreiche Wegränder, Bach- und Waldränder, entlang von Zäunen und Gräben. Aber auch im eigenen Garten lassen sich essbare Wildpflanzen finden. Nutze ein gutes bebildertes Wildkräuter-Bestimmungsbuch, um die Kräuter zu erkennen und Verwechslungen auszuschließen. Du wirst staunen, wo und in welcher Vielzahl sich Wildkräuter tummeln. Wer sich nicht zutraut, alleine Kräuter zu bestimmen, sollte zuvor an einer Kräuterwanderung teilnehmen.

Die Kräuter für die Neun-Kräuter-Vitalsuppe sollten möglichst frisch gesammelt sein. Ist das aber zu aufwendig oder schlicht nicht möglich, dann kannst du alternativ andere, handelsübliche

Kräuter verwenden, zum Beispiel Petersilie, Rucola, Dill, Schnittlauch, Estragon, Spinat, Liebstöckel, Feldsalat, Bärlauch und so weiter.

Was du in der Natur wirklich leicht und ohne besondere Kräuterkenntnisse findest, ist der Löwenzahn. Auch er lässt sich hervorragend verarbeiten, zum Beispiel zu einem Löwenzahnpresssaft, der eine entwässernde Wirkung hat.

REZEPT: STÄRKUNGSSMOOTHIE

Wenn du mit der Wildkräutersuppe die Frühjahrsgeister erweckt hast, kannst du dir noch – ebenfalls auf der Basis von Kräutern und Obst – diesen schönen, leckeren Smoothie zubereiten, der herzstärkend wirkt.

Du brauchst:

- 100 g Erdbeeren (im Herbst Pflaumen)
- 120 g Apfel/Birne
- 40 g Weißdornblüten (im Herbst die Weißdornbeeren)
- 80 g Spinat
- 80 g Feldsalat
- 400 ml Wasser

1. Die Blüten kannst du im Frühjahr und die Beeren im Herbst sammeln. Im Reformhaus bekommst du frisch gepressten Weißdornsaft, den du ebenfalls verwenden kannst (20 Milliliter).

2. Das Fruchtfleisch mit Spinat, Feldsalat und der Flüssigkeit im Mixer pürieren, bis daraus ein leckerer, dickflüssiger Smoothie geworden ist. Die Menge reicht für zwei Personen.

REZEPT: LÖWENZAHNPRESSSAFT

Für den Löwenzahnpresssaft brauchst du frisch gepflückte Löwenzahnblüten, Löwenzahnblätter und Wurzeln.

1. Mit der Knoblauchpresse werden Blüten, Blätter und Wurzeln ausgepresst, sodass daraus ca. 100 Milliliter Presssaft gewonnen wird. Der Saft wird in eine dunkle Flasche gefüllt. Trink davon täglich 2 Schnapsgläser (je 5 Centiliter morgens und abends auf nüchternen Magen). Der Saft hält sich etwa eine Woche lang frisch.

Löwenzahn aktiviert die Leber- und Nierenfunktion, außerdem werden ihm stärkende und verjüngende Eigenschaften zugeschrieben.

Die zarten, jungen Blätter des Löwenzahns sind vitamin- und mineralstoffreich und können auch als Salat verwendet werden. Blüten und Knospen können in Essig eingelegt werden und sind ein leckerer Kapern-Ersatz.

Die Blüten des Löwenzahns und anderer Kräuter eignen sich auch hervorragend dafür, in Getränke-Eiswürfeln eingefroren zu werden. Das sind bezaubernde Hingucker in Getränken. Alle essbaren Blüten wie die von Gänseblümchen, Schafgarbe, Holunder und so weiter eignen sich dafür. Nach dem Auftauen können sie einfach mitgetrunken werden.

REZEPT: SONNE-IM-HERZEN-TEE

Ein weiteres Rezept, das ich dir empfehlen möchte, ist der »Sonne-im-Herzen-Tee«: Wenn ich das Gefühl habe, dass mein emotionales Herz Unterstützung braucht – bei Liebeskummer, Traurigkeit, Schock, wann immer also die Gefühle Achterbahn fahren –, dann gönne ich mir einen »Sonne-im-Herzen-Tee« mit den folgenden getrockneten Kräutern.

Du brauchst:

- 25 g Rosenblüten
- 25 g Lindenblüten
- 25 g Weißdornblüten
- 25 g Weißdornblätter

1. Übergieße die Kräuter mit 300 Milliliter kochendem Wasser. Nach einer Ziehzeit von 10 Minuten wird der Tee abgeseiht und in kleinen Schlucken getrunken.

Dieser Tee kann auch als Kaltauszug hergestellt werden. Die Dosierung für den kalten Tee ist identisch, allerdings ist die Ziehdauer sehr viel länger. Nachdem du die Blüten mit kaltem Wasser übergossen hast, sollten sie 5 bis 8 Stunden abgedeckt ziehen.

Die Blüten können in den Frühlingsmonaten gesammelt oder in einem Kräuterladen bestellt werden. Von dieser Kräutermischung solltest du über den Tag verteilt drei Tassen trinken: frühmorgens nüchtern circa 30 Minuten vor dem Frühstück, mittags eine Stunde vor dem Mittagessen und abends nach dem Abendbrot. Du kannst den Tee als Kur regelmäßig über eine Zeitspanne von mindestens zwei bis vier Wochen trinken.

Die vier Pflanzen unterstützen dein Herz, versetzen es in eine harmonische Ruhe und helfen beim Entspannen.

Und ein letzter Tipp: Die Kraft der Wacholderbeere (Juniperus communis).

»Vor dem Holunder sollst du den Hut ziehen, vor dem Wacholder in die Knie gehen«, lautet eine alte Volksweisheit. Wacholder hat eine starke keimtötende und abwehrsteigernde Wirkung. Das Kauen von Wacholderbeeren schützt vor Ansteckung in der Erkältungszeit. Das Holz des Wacholders wurde schon immer zum Räuchern verwendet. Unsere Ahnen wohnten unter dem Wacholder, heißt es in alten Überlieferungen. Der Wacholder unterstützt unsere Feinfühligkeit, daher kaue ich Wacholderbeeren, wenn ich mich auf Rituale vorbereite. Sie besitzen die Kraft, meine Wahrnehmung zu erweitern. Wer die Beeren nicht kauen mag, kann einen Tee daraus zubereiten.

REZEPT: WACHOLDERBEERENTEE

Man gießt dazu lediglich einen Teelöffel frischer oder getrockneter Wacholderbeeren mit 200 Milliliter heißem Wasser auf. 8 Minuten abgedeckt ziehen lassen, abseihen und langsam trinken.

Es gäbe noch so viele wunderbare Rezepte für Wildkräuter – aber setzen wir unseren Ausflug in die Natur erst einmal fort.

NATUR – GANZ PUR

Je länger wir uns in der Natur bewegen, desto kleiner werden unsere Bedürfnisse und Ansprüche. Berge und Meere, Flüsse und Seen, Steine und Pflanzen, Säugetiere, Vögel, Fische – sie alle sind Produkte der Evolution, sie waren schon da, als noch kein Mensch die Erde bevölkerte, und sie werden bleiben, wenn es uns schon lange nicht mehr geben wird. *Ich* bin unwichtig für sie, ich bin für die Natur nur ein Lebewesen unter vielen. Sie aber sind für mich so etwas wie weise alte Verwandte, von denen ich lernen kann. *Ich* bin Natur, ich bin mit allem verwandt, aber ich bin als Mensch nicht mehr wert als der Berg oder die Wildblume. Mich selbst nicht so unglaublich wichtig zu nehmen, das ist eine Erkenntnis, die mir immer dann wieder besonders ins Bewusstsein dringt, wenn ich mich ganz ungestört im Freien bewege. Dieses Gefühl erlebe ich am stärksten beim nackten Wandern.

Ich bin eine leidenschaftliche Saunagängerin. Ich liebe es, meinen Körper in der Hitze zu entspannen und anschließend meinen nackten Körper an der frischen Luft zu trocknen. Ebenso ist es eine Wonne für mich, an einem FKK-Strand ins Meer zu tauchen, ohne einen Badeanzug am Körper. Als ich vor wenigen Jahren davon hörte, dass es in Deutschland zwei sogenannte Naturistenwege gibt, wusste ich sofort: Das will ich ausprobieren!

Ein Freund aus Berlin schickte mir den Link zur Website des Nacktwanderwegs bei Undeloh in der Lüneburger Heide. Meine Neugier war geweckt. Die Natur unbekleidet zu erleben, stellte ich mir als ein besonders intensives Körpergefühl vor. Sonne, Wind, Regen und die warme Brise des Windes auf der nackten Haut zu spüren, umgeben von Waldlandschaften, das ist für mich Natur pur. Allein oder in kleineren oder größeren Gruppen nackt zu wandern, wird in Deutschland, Österreich, in der Schweiz und in Frankreich immer beliebter. Man kann sich das ganze Jahr auf solchen Naturistenwegen nackt bewegen, aber natürlich auch angezogen, falls es zu regnen beginnt oder das Wetter plötzlich umschlägt. Der Nacktwanderweg in der Lüneburger Heide ist ein zehn Kilometer langer Rundweg, öffentlich zugänglich zu jeder Tages- und Nachtzeit. Wichtig zu erwähnen ist, dass dieser Weg in einem Naturschutzgebiet liegt. Also: Bitte achtsam bewegen und keinen Müll zurücklassen! In der Morgen- und Abenddämmerung können Jäger im Wandergebiet unterwegs sein. Die Ruhezeiten bis mindestens eine Stunde nach Sonnenaufgang und mindestens eine Stunde vor Sonnenuntergang sollten zum Schutz der Tiere eingehalten werden, so steht es als Empfehlung auf der Internetseite.

Als ich mich das allererste Mal zum Nacktwandern aufmachte, traute ich mir das so ganz allein als Frau noch nicht zu. Also bat ich einen Freund, mich bei diesem kleinen Abenteuer zu begleiten. Wie läuft das alles ab? Man muss sich nicht anmelden, keinen Eintritt zahlen. Der Weg zum Parkplatz ist gut ausgeschildert und die wenigen Anwohner wissen, dass es hier einen Naturistenweg gibt.

Dieser Wanderweg ist eingebettet in die wunderschöne Landschaft der Heide. Er führt über Waldwege und man kann ihm ungestört und ohne Unterbrechung durch Straßen auf einem Rundkurs folgen. Ich muss zugeben, es kostet anfangs etwas Überwindung, sich komplett nackt, ohne irgendetwas am Körper, durch den Wald zu bewegen. Keine Schuhe, kein Rucksack. Einfach wirklich nichts. Selbst der Autoschlüssel findet in einem Versteck Unterschlupf. Man kann übrigens auch nackt Rad fahren und seine Kleidung im Rucksack mitnehmen.

Für meinen Begleiter war es ebenfalls seine erste Erfahrung mit dem nackten Wandern. Je länger er durch die Landschaft lief, umso besser, umso schöner fühlte er sich. Er hat schließlich so viel Gefallen daran gefunden, dass er Teile der Strecke ohne Probleme sogar barfuß gelaufen ist. Nur wenige Menschen sind uns begegnet, zumeist Männer, die allein unterwegs waren, vereinzelt auch Paare. Am Wochenende ist der Weg besser besucht, aber an Wochentagen ist man fast für sich.

Natürlich sollte man sich in einer Jahreszeit zum Nacktwandern aufmachen, wenn es draußen warm genug ist. Bei Hitze bietet der Wald genügend Schutz vor der Sonne. Der Rundweg ist aus Naturschutzgründen nicht markiert, daher sollte man die Landkarte genau studieren. Wer auf Nummer sicher gehen will, kann sich die Karte auf der Internetseite herunterladen.

Es ist eher ungewöhnlich, alleine als Frau diesen Weg zu gehen. Für mich war es ein sehr besonderes, ein archaisches Gefühl, den Weg bei Vollmond mit Bemalung auf Körper und Gesicht alleine zu wandern. Am liebsten aber wandere ich um die Morgen- oder Abenddämmerung, denn das sind heilige Zeiten, in denen ich mich am besten energetisch sammeln kann. Je länger ich auf diese Weise wandere, umso mehr verschmelze ich mit meiner Umgebung. Ich werde zum *Wildmenschen*.

Ich muss ständig wachsam sein. Meine Haut wird zum Fell, und wenn ich mit meinem Bauch die Rinde eines Baumes berühre, dann ist der Kontakt unmittelbar mit Intimität verknüpft. Ich verwandle mich und tauche ein in das Bewusstsein eines Urmenschen. Ich erfahre mehr denn je, wozu meine Sinne fähig sind. Mein Körper mit allen seinen Bedürfnissen erhält die Achtsamkeit, die er braucht; sei es ein aufrechter Gang oder eine Dehnung. Meine Gedanken verlieren sich. Ich habe kein Bedürfnis mehr, im Internet zu surfen oder mich anderen mitzuteilen. Jede meiner Handlungen ist frei von Zwang. Ich empfinde diesen Gang durch die Landschaft als einen Jungbrunnen – es ist eine Art von Meditation in Bewegung, ohne dass es einer Anstrengung bedarf. Wenn ich mich nackt auf einen Findling setze, dann strömen die Ruhe und Geduld des Steins unmittelbar auf mich ein.

WAHRNEHMUNG IN DER WILDNIS

Durch unsere Entfremdung von Natur und Wildnis haben wir einen wichtigen Teil unserer Wahrnehmungsfähigkeit eingebüßt. Ein Beispiel, das jeder kennt: Wenn wir bei Nacht durch eine Stadt gehen, ist es doch nie wirklich dunkel und wir bewegen uns im künstlichen Licht. Was macht das mit unseren Instinkten und Sinnen? Sie werden getäuscht. Unser Körper ist nicht mehr wachsam, er weiß nicht, ob Gefahr droht, denn wir fühlen uns durch das Licht scheinbar sicher, anstatt uns auf unsere Intuition zu verlassen und Gefahren – instinktiv – zu erkennen.

Ohne Hinwendung zur Natur stumpfen unsere Sinne immer weiter ab. Der Mensch hat fünf Sinne: den Sehsinn (Augen), den Geruchssinn (Nase), den Gehörsinn (Ohren), den Haut- oder Tastsinn (Haut) und den Geschmackssinn (Zunge). Die moderne Medizin nennt noch vier weitere Sinne: Gleichgewichtssinn, Temperatursinn, Tiefensensibilität, Schmerzempfindung. Unsere Sinne müssen von Kindheit an bis ins hohe Alter immer wieder trainiert werden, damit sie uns in ihrer Komplexität, mit aller Wahrnehmungstiefe, zur Verfügung stehen. Der scheinbare Komfort, den uns der technische Fortschritt bringt – zum Beispiel die schon beschriebene künstliche Helligkeit bei Nacht –, hat leider zur Folge, dass unsere Sinne abstumpfen.

An keinem Ort können unsere Sinne besser *wahrnehmen* als in der Wildnis. Nirgendwo werden sie auf wohltuendere Art und Weise gereizt. Was gibt es Schöneres, als auf Waldboden zu laufen? Unsere Koordinationsfähigkeit wird durch das Gehen, Springen, Balancieren oder auch Kriechen auf einem unebenen Waldboden besser geschult als auf asphaltierten Wegen. Auch der Gleichgewichtssinn wird trainiert. Das Bewegen in der Natur erfordert den Einsatz der Bein- und Gesäßmuskulatur auf eine Art und Weise, wie wir es sonst nicht gewohnt sind. Wie viele Muskelpartien des Körpers vernachlässigt werden, weiß ich nur zu gut aus meiner Praxisarbeit.

Unsere Augen werden im Wald durch vielfältige Reize berührt. Waldluft ist wohltuend, kraftspendend. Fichtenharz zum Beispiel enthält Spuren ätherischer Öle, die wir beim Einatmen der Waldluft inhalieren. Der Duft von Fichtenharz wirkt aufbauend und stärkend, desinfizierend und klärt den Geist. Der dichte Blättermantel des Waldes filtert Lärm, ich lausche dem Gesang der Vögel, dem Blätterrauschen – das alles ist für mich die Musik des Waldes, sie ist für mich die beste Dolby-Surround-Anlage überhaupt.

Was uns das Erleben von Natur, allein durch Beobachtung, auch auf besondere Weise vermittelt, ist das Gefühl der Empathie. Unser Ausflug in die Natur lehrt uns, mitfühlend zu sein. Kinder und Erwachsene sind berührt, wenn sie im Frühling Jungtiere in freier Wildbahn erleben. Beim Anblick von niedlichen Entenküken werden unsere Herzen weich und unser Beschützerinstinkt wird geweckt. Schon als Kind hat es mich fasziniert, Vögel zu beobachten, und ich war immer ergriffen davon, wie eifrig sich das Elternpaar um seinen Nachwuchs kümmerte. Was für ein unermüdlicher Einsatz! Vor Gefahren warnen sich Vögel untereinander. Und wer in seinem Garten ein Vogelhaus stehen hat, wird bestätigen, dass bei der Nahrungsaufnahme am Häuschen keine Revierkämpfe ausgetragen werden. Jeder darf mal picken, völlig gleichgütig, ob es ein Rotkehlchen, eine Meise, ein Buchfink oder ein Spatz ist. Fast könnte man meinen, die Vögel setzten sich für eine gerechte Verteilung des Streufutters ein. Natürlich gibt es in der Natur auch Revierkämpfe und Aggressivität, wenn es um Rangordnung oder die Verteidigung von Ressourcen geht. Meist wird aber vermieden, sich ernsthaft zu verletzen oder gar zu töten.

Das Miteinander der Vögel zu beobachten zeigt mir, wie wichtig Empathie ist. Übertragen wir es auf den Menschen, heißt das für mich, dass man nicht immer nur an sich denken sollte! Wie gehe ich mit meinen Nahrungsmitteln um, teile ich gerne? Kümmere ich mich um andere? Gebe ich hilfsbedürftigen Menschen, die Hunger leiden, etwas ab?

ERDE, FEUER, WASSER, LUFT – WAS MACHT DICH GLÜCKLICH?

Wir leben in einer Symbiose mit Pflanzen und Tieren, in einer Abhängigkeit, die aber keine Einschränkung bedeutet, sondern – ganz im Gegenteil – Freiheit, weil es ein Zeugnis von Verbundenheit ist. Alles befindet sich in gegenseitigen Abhängigkeiten. Der Mensch ist abhängig von den Elementen Feuer, Wasser, Luft und Erde. Aber ebenso abhängig sind die Elemente voneinander. Wasser ohne die Begrenzung der Erde würde alles überfluten. Ohne Wasser würde die Erde verdorren. Die Luft bewegt das Wasser und sie verteilt die Samen auf der Erde. Das Feuer würde es ohne den Sauerstoffgehalt in der Luft nicht geben.

ÜBUNG: WELCHER ELEMENTE-TYP BIST DU?

Es gibt so viele Möglichkeiten, sich die Natur in den Alltag zu holen. Wichtig ist zunächst, sich bewusst zu machen, welcher Elemente-Typ du bist, welches Element (Feuer, Wasser, Luft, Erde) dich anspricht und dir das Gefühl von Kraft und Energie vermittelt. Mit der folgenden Fragestellung kannst du herausfinden, welches Element das deine ist. Versuche, die folgenden Fragen für dich zu beantworten.

Erde

- Hältst du dich gern im Wald auf?
- Magst du es zu wandern und ziehen die Berge dich magisch an?
- Brauchst du festen Boden unter den Füßen?
- Faszinieren dich Pflanzen und insbesondere Bäume?
- Schaust du dir gern Gärten an?
- Bringt dir Gartenarbeit Freude?

Feuer

- Kannst du dich am ehesten entspannen, wenn ein Lagerfeuer oder Kaminofen brennt?
- Ziehen dich Wüsten und Vulkanlandschaften an?
- Sonnst du dich gerne?
- Bist du kreativ tätig?
- Gehst du nur gerne aus dem Haus, wenn warme Temperaturen herrschen?

- Rufen dich die Abenteuer der fernen Wildnis?

Wasser

- Schwimmst du gerne?
- Beruhigen dich Wellengeräusche?
- Suchst du in deiner Freizeit die Nähe der Gewässer?
- Fährst du gerne Boot?
- Surfst du gerne?
- Verbringst du gern Zeit am Strand?
- Schaust du gern den Mond an?

Luft

- Schaust du gerne Vögeln zu?
- Magst du es, wenn es stürmt?
- Lässt du dir gern den Wind durch die Haare wehen?
- Fliegst du gerne?
- Freust du dich über Federn, die du findest?
- Fährst du gern Rad?

Die meisten Menschen wissen intuitiv, mit welchem Element sie sich verbunden fühlen. Etliche haben zu mehreren Elementen einen Bezug. In diesem Fall ist es richtig, bei dem zu bleiben, was dir am meisten guttut. Denn hier geht es um dein Wohlbefinden im Alltag. Was das konkret bedeutet? Fühlst du dich mit dem Element Erde verbunden, dann leg dir zum Beispiel einen Gemüsegarten an.

Entspannst du dich am liebsten am oder mit Wasser, könnte ein (Bade-)Teich das Richtige für dich sein. Wenn die Luft dir Freude bereitet, fahr so viel Fahrrad wie möglich. Wenn Feuer dich entspannt, zünde einfach ein Kerzenlicht an und betrachte die Flamme. Es gibt jede Menge Freizeitaktivitäten, die naturverbunden sind und dir helfen, wieder im Einklang mit der Natur zu leben. Lass dich nicht verwirren und pick dir genau das heraus, was dich in deiner Kraft stärkt.

Setz dir ein leichtes Ziel:

- Überlege genau, wie viel Zeit du in der Woche für dein persönliches Wohlbefinden investieren kannst oder willst, ohne dass es dich anstrengt!
- Fasse deine Absicht so konkret wie möglich ins Auge.
- Teile deine Bedürfnisse deinen Mitmenschen mit, damit du Unterstützung bekommst.

Es braucht Verbündete, um sich FREI-Räume zu erlauben. Und wenn dich mal etwas von deinem Vorhaben abzuhalten droht, überlege dir genau, wieso irgendeine andere Aufgabe plötzlich wichtiger sein könnte! Ist es jetzt gerade wirklich wichtig, einkaufen zu gehen, obwohl genügend Vorräte im Haus sind?

Plane ein Date mit dir selbst! Einmal pro Woche sollte in deinem Kalender ein fester Termin stehen.

ÜBUNG: STEH DIR SELBST ZUR VERFÜGUNG

Diese Zeit sollte deinem schöpferischen Potenzial gewidmet sein.

Du kannst tanzen, malen, schreiben, dichten, basteln … gib dich ganz deiner Lust auf Kreativität hin – und zwar bei Wind und Wetter in der Natur. Du stehst in dieser Zeit nur dir selbst zur Verfügung. Telefonate, Nachbarn, Kinder – nein! Auch der Hund sollte dich nicht ins Freie begleiten. Es ist *deine* kostbare Zeit für *dein* Wohlbefinden. Wenn du dich in der Natur aufhältst, bleib nicht bloße Beobachterin, bloßer Beobachter! Mach aus der Natur eine sinnliche Erfahrung! Berührung gehört zu den essenziellen Grundbedürfnissen des Menschen. Ohne Berührung erkranken wir. Mach dir die Natur zur Verbündeten für einen sinnlichen Austausch!

Lass dich auf eine sinnliche Begegnung mit der Natur ein: Sinnlichkeit heißt tasten, sehen, riechen, schmecken, heißt angezogen sein, in Beziehung treten und fühlen. Sinnlichkeit kannst du in der Form einer Frucht finden, im lieblichen Geschmack des Pfirsichs, aber auch beim Melken einer Kuh. Im Kontakt deiner Haut mit einem Stein, einem Baum, einem Tier. All dies ist sinnlicher Austausch. All dies dient der Entfaltung deiner Lebensfreude und stärkt deine Kreativität.

AFFIRMATION

»Ich danke der Erde für die Fülle, den Reichtum, die Gesundheit.
Ich bin genährt und versorgt.
Möge der Geist des Lebendigen meinen Lebensalltag segnen.«

KAPITEL 8

WOHLBEFINDEN UND GESUNDHEIT

Unter deiner Haut lebt der Mond.

Pablo Neruda, Liebe

WAS UNS KRANK MACHT

Können wir in einer (Um-)Welt, die durch menschlichen Einfluss erkrankt ist, ein gesundes Leben führen? »Es gibt keinen lebendigen Organismus innerhalb eines toten«, lehren die Schamanen. Aus schamanischer Sicht lässt sich die Erde mit einem lebendigen Organismus vergleichen. Sie atmet Luft. Wasser und Flüsse bilden ihren Blutkreislauf, das Pulsieren des Magmas im Innern ist ihr Herzschlag, Berge und Täler bilden die Haut.

Fast jede Lebensform auf diesem Organismus Erde ist abhängig von dessen Gesundheit, von gesundem Wasser, gesunder Luft und gesunder Erde.

Ist es möglich, gesund zu leben, wenn unsere Lebensmittel gentechnisch verändert sind, wenn die Supermarktregale von Fertiggerichten überquellen, wenn wir ständig Strahlungen, Radiowellen und Funkwellen ausgesetzt sind, ohne zu wissen, welchen Einfluss sie wirklich auf uns haben?

Chemische Giftstoffe können krankheitsauslösende Faktoren sein, und sie befinden sich überall: in Bekleidung, in Nahrungsmitteln, in Hygiene- und Kosmetikartikeln, in unseren Wohn- und Arbeitsräumen.

Negative Nachrichten in den Medien schlagen sich uns aufs Gemüt und wirken negativ auf unsere Gesundheit …

Wie gesund also kann der moderne Mensch wirklich leben? Einmal sagte eine Patientin unter Tränen zu mir, sie müsse manchmal den ganzen Tag weinen, »wenn ich sehe, wie viel Zerstörung und Gewalt uns täglich umgibt«. Sie war besorgt über ihr Verhalten und meinte, es sei nicht gut für sie, deswegen zu weinen.

Ich bin der festen Überzeugung, dass genau *das* gut und gesund ist. Wir Menschen sind berührbar. Wenn wir das Gefühl haben, hilflos zu sein, weil die Welt im Chaos unterzugehen droht, wenn Kriege immer näher rücken, wenn an geliebten Urlaubsorten plötzlich Terror herrscht, dann lässt uns das alles nicht unberührt.

Ich habe meine Patientin damals ermuntert, ihre Trauer nicht zu unterdrücken, sondern sie weiterhin zu zeigen und dem Negativen aktiv etwas entgegenzusetzen. Ich habe sie ermuntert, Projekte der Hoffnung zu suchen, wo sie sich aktiv einbringen kann, anstatt nur passive Beobachterin zu sein. Sie fühlte sich erleichtert, denn ihre Sorge war, dass sie vielleicht an einer Depression leide, weil sie so empathisch reagierte. Sie schaffte es, aus ihrer Passivität herauszukommen. Sie beschloss, sich ehrenamtlich zu engagieren, und ist seitdem in der Flüchtlingshilfe aktiv. Darin geht sie auf. Noch immer fließen bei ihr manchmal Tränen der Trauer und des Frusts, aber unter sie mischen sich heute auch Freudentränen.

Verhindern Gefühle wie Leid, Trauer, Angst, Scham, Schuld, Wut oder Aggression, dass wir einen erfüllten Lebensalltag haben? Nein! Alle diese starken Emotionen sind Ausdruckskraft der Menschlichkeit und letztlich der *Wildnatur* in uns. Negative Emotionen sind nicht weniger wichtig oder wertvoll als positive Emotionen wie Glück, Begeisterung, Liebe, Verspieltheit, Freude oder Freundlichkeit. Wir sind darauf getrimmt, uns positiv-lebensbejahend zu verhalten und zu funktionieren, aber bloß nicht unsere *wilde* Seite zu zeigen. Nach einem Trauerfall darf nicht länger als zwei Wochen getrauert werden. Nach einem schweren Schicksalsschlag sollen wir möglichst bald wieder im Büro sitzen – lächelnd und produktiv. Immer geht es nur darum, munter und voller Vitalität weiterzumachen, immer gut drauf zu sein. Jedes Abweichen davon, jede Freiheit der Gefühle, Impulsivität, Spontanität sind weniger erwünscht.

Ist es da verwunderlich, dass trotz allem – begrüßenswerten! – Fortschritt in der Medizin die Volkskrankheiten in unserer Gesellschaft zunehmen? Allergien, Diabetes, Herz-Kreislauf-Probleme, Krebs oder psychologische Leiden – egal, um welche Zivilisationskrankheit es geht, sie alle breiten sich aus. Auch wenn die Ausgaben im Gesundheitswesen nie höher waren: Wir werden nicht gesünder.

Ebenso nehmen Suchterkrankungen rasant zu. Nicht nur die Sucht nach Amphetaminen, Drogen oder Zucker – viele Süchte sind gesellschaftlich akzeptiert, weil sie so alltäglich sind oder weil wir sie gar nicht als solche wahrnehmen (wollen).

Beispielweise …

… die »Ich geh shoppen«-Sucht,
… die »Ich trinke Wein zur Entspannung«-Sucht,
… die »Schokolade macht mich glücklich«-Sucht,
… die »Ich jogge 60 Kilometer in der Woche«-Sucht,
… die »Belohnungszigaretten«-Sucht,
… die »Ich kann ohne Tabletten nicht existieren«-Sucht,
… die »Ohne Kaffee werde ich nicht wach«-Sucht.

Kommt dir etwas davon bekannt vor? Überprüfe doch einmal, wonach du süchtig bist. Und weshalb das so ist. Frage dich, warum!

Vielleicht führt dich diese Frage zu einer überraschenden Antwort, vielleicht zeigt sie dir in deinem Leben, gegenüber dem süchtigen »Zuviel«, an anderer Stelle einen Mangel.

NIEMAND LEBT FÜR SICH ALLEIN

Wir stumpfen ab, weil wir mit der Fülle an Destruktivität in der Welt um uns herum nicht umgehen können. Die Erde scheint enger zu werden durch die globale Vernetzung, und der sogenannte moderne Mensch scheint krank zu werden an der Realität, die er sich selbst geschaffen hat. Kann ein einzelner Mensch unabhängig vom Rest der Welt gesund sein? Ich wiederhole es noch einmal, weil es so wichtig ist: Ein gesunder Organismus kann nur in einer gesunden und ausgeglichenen Umwelt bestehen und sich selbst erhalten.

Der norwegische Philosoph und Umweltaktivist Arne Næss hat Anfang der 1970er-Jahre den Begriff »Deep Ecology« geprägt. Er benutzte diesen Begriff, um damit über die oberflächlichen Antworten auf die sozialen und ökologischen Probleme unserer Zeit hinauszugehen, diese zu vertiefen, zu erweitern. In dieser »Tiefenökologie« unterscheidet man zwischen individueller, sozialer und ökologischer Gesundheit. Dahinter steckt eine spirituelle, ganzheitliche Naturphilosophie. »Wann immer Menschen sich auf ihre natürliche Mitwelt in ganzheitlicher Weise beziehen, wird tiefenökologisch gelebt. Tiefenökologie sieht die Erde als ein lebendes System, in dem alles miteinander verbunden ist. In Übungen und Ritualen lernen wir, uns wieder zu verbinden – mit uns selbst, unseren Mitmenschen, allen anderen Wesen und unserer Erde. Die Probleme, die wir mit uns tragen, und der Schmerz, den wir in uns spüren, sind nur zum Teil individuell, ein anderer, oftmals weitaus größerer Teil ist kollektiv.«[6]

Was für mich ungesund ist, das ist in der Regel auch ungesund für die Gesellschaft, und was für die Gesellschaft ungesund ist, bedroht das Gleichgewicht des Ökosystems und umgekehrt. In meinen Seminaren erlebe ich Menschen, meist sind es Frauen, die selbstBEWUSST und hochsensibel sind, therapeutische Erfahrung haben, interessiert sind und einen wachen Geist haben. Dennoch höre ich aus ihren Worten oft auch alarmierende Zwischentöne heraus: »Ich mache doch schon so viel, aber so richtig gut geht es mir trotzdem nicht. Was soll ich denn noch alles tun?« Sie sind manchmal beinahe am Verzweifeln, sie leben vorbildlich gesund, fühlen sich aber nicht so.

Die Tiefenökologie lehrt uns: Du bist ein Teil des Gesamtgleichgewichts von Menschen und Mitwelt. Ist die Mehrheit der Menschen im Ungleichgewicht, so hat das direkte Folgen für dein individuelles Wohl. Jeder Einzelne hat seinen Anteil am kollektiven Gesamtgleichgewicht. Je mehr jeder Einzelne seinen Weg findet, verantwortlich und im Einklang mit der Natur zu handeln, umso größer ist die Chance, dass auch die Allgemeinheit gesundet. Wie einzelne Tropfen einen See mitentstehen lassen, so trägt jeder Mensch einen Tropfen zum Weltgeschehen bei.

WUNDERWERK MENSCH

Betrachte ich die Anatomie des Menschen, dann komme ich aus dem Staunen gar nicht mehr heraus, mit welcher Präzision die Evolution ihre Wunderwerke vollbringt! Ich sehe darin das Wirken einer mystischen Intelligenz. Nehmen wir zum Beispiel die Leistung unseres Herzens: Innerhalb von einer Minute pumpt es ungefähr sechs Liter Blut durch unseren gesamten Organismus. Rund 7000 Liter bewegt es so an einem Tag. Im Laufe eines durchschnittlichen Menschenlebens summiert sich die Zahl auf bis zu 250 Millionen Liter. Nährstoffe, Hormone, Wasser oder Sauerstoff werden über den Blutkreislauf durch unseren Körper transportiert. Wusstest du, dass unsere Nieren bei durchschnittlicher Flüssigkeitszufuhr circa 180 Liter pro Tag Primärharn bilden? Nur etwa ein Prozent davon wird als Urin ausgeschieden. All das geschieht, ohne dass wir diese Vorgänge bewusst wahrnehmen. Wir nehmen unseren Körper meist nur wahr, wenn er in seiner Leistung schwächelt, wenn er nicht funktioniert. Ist der Körper krank, signalisiert er uns dies durch Schmerzen, Erschöpfung, Lustlosigkeit, Unwohlsein.

Jeder Teil unseres Körpers ist ein kleines Wunderwerk. Der Mensch ist ein komplexes Wesen aus Körper, Seele und Geist. In meine Naturheilpraxis kommen Patienten mit den verschiedensten Symptomen, die ich für sie »übersetze«. Oftmals sind es chronische Schmerzpatienten, die nach einer langen schulmedizinischen Behandlung den Weg zu mir finden. Der Schwerpunkt meiner Arbeit mit Patienten liegt beim Bewegungs-

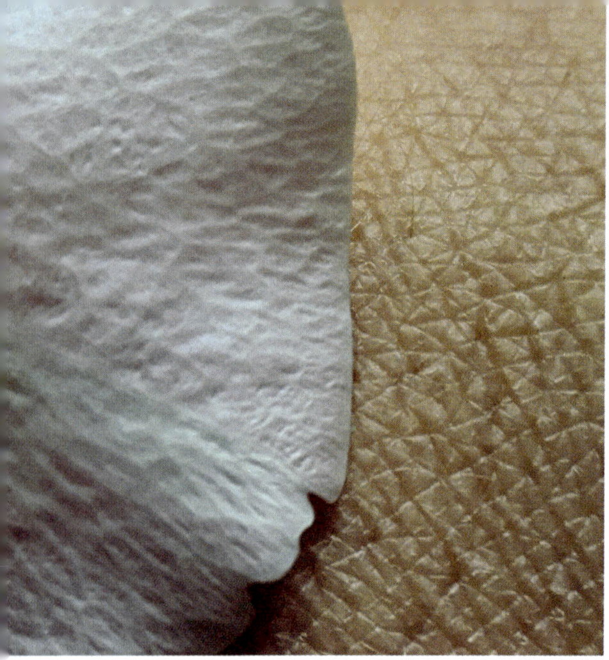

Rosenblüte und Menschenhaut

apparat, wobei diese Arbeit über das rein Körperliche wie Muskeln, Sehnen und Knochen hinausgeht. Der Körper besteht für mich auch aus Energien. Ich kann mit ihm kommunizieren. Ebenso, wie ich einem Baum Fragen stelle und um Antworten bitte, kann ich das bei einem Körper tun. Wenn sich zwischen meinem Patienten und mir ein gutes Vertrauensverhältnis aufgebaut hat, erhalte ich Antworten auf meine Fragen – sie werden mir oft in Bildern vermittelt. Ob ich einen Patienten durch Massagetechniken, durch Energiearbeit oder durch mentale Unterstützung bei einem Heilungsprozess anrege, hängt immer von dem jeweiligen Anliegen des Patienten ab. Manchmal behandle ich einen Patienten beziehungsweise eine Patientin nur auf einer energetischen Ebene, das heißt, ich bitte die mit ihm oder ihr geistig verbündeten Ahnen und Hilfskräfte um Unterstützung.

Mein Arbeitsansatz ist dem Bereich der alternativen Medizin zuzuordnen. Er ersetzt aber *nicht* die Schulmedizin, das möchte ich an dieser Stelle ausdrücklich sagen. Ich sehe meine Arbeit nie in Konkurrenz zur Schulmedizin. Im Gegenteil, ich setze mich dafür ein, die Potenziale und Methoden *beider* Seiten zu nutzen. Zum Wohl der Patienten. Das ist mir ein wichtiges Anliegen.

Vor jeder Behandlung erfolgt zunächst ein Anamnesegespräch, in dem ich mehr über die Krankheitsgeschichte des Patienten erfahren möchte. Im Austausch begeben wir uns gemeinsam auf Ursachenforschung. Wofür mag die Erkrankung oder das Symptom »dienen« und welche Wege der Selbstliebe braucht es, um einen Heilungsprozess in Gang zu setzen? Was mir bei meiner Arbeit hilft, sind zwei Komponenten: Ich fasse die Patienten an und ich habe Zeit. Dadurch kann ich schlussfolgern, ob chronische Schulterschmerzen zum Beispiel durch eine falsche Körperhaltung ausgelöst wurden oder ob seelische Empfindungen die Ursache sind. In schätzungsweise 40 Prozent der Fälle ist eine Beschwerde auf eine falsche Ernährungsweise, mangelnde Bewegung oder eine falsche Haltung zurückzuführen. Spannend wird es für mich, wenn ich herausfinden kann, welche Nahrung dem Körper guttut und welche nicht. Dann setze ich manchmal die Kraft der Heilpflanzen ein.

Die Schilderungen meiner Patienten enthalten wichtige Hinweise. Sie haben eine Ahnung, dass irgendetwas in ihrem Körper im Ungleichgewicht ist, aber sie können nicht deuten, warum es auftritt und woher es kommt.

Ich möchte das an einem Fallbeispiel erläutern: Ein Mann litt unter morgendlichem Unwohlsein, einer Beklemmung in der Brust, einer inneren Unruhe. Seine Körperwahrnehmung war mit Angst besetzt. Er führte die Panikattacken auf sein hohes Arbeitspensum und den damit verbundenen Stress zurück. Obwohl er Spaß an seiner Arbeit hatte und es genoss, gebraucht zu werden. Auf meine Empfehlung hin lernte er verschiedene Atemtechniken, denn sein Brustwirbelbereich war völlig verspannt, was wiederum daher kam, dass er im Alltag nur kurzatmig Luft holte. Durch die Atemtechniken bekam der Patient ein Körpergefühl für Anspannung und Entspannung. Mit dem Hinweis, den morgendlichen Kaffee wegzulassen, einmal um den Block zu gehen, tief ein- und auszuatmen, dabei die Arme zu kreisen, bevor er sich auf den Weg ins Büro macht, verschwanden seine Nervosität und sein Gefühl der Beklemmung.

Dieses Beispiel zeigt, wie leicht man wieder ein Gefühl für seine Körperwahrnehmung bekommen kann. Mein Patient konnte nicht achtsam in sich hineinfühlen. Auf die wirklichen Bedürfnisse des Körpers zu hören, ist eine hohe Kunst – und es besteht häufig ein großer Unterschied zwischen dem, was der Körper wirklich braucht, und dem, was wir für seine Bedürfnisse halten.

Manchmal ist der Praxisalltag auch einfach. Im besten Fall sind es banale Dinge, die uns aus dem Gleichgewicht bringen, und genauso einfach können kleine Veränderungen eine Linderung der Symptome auf natürliche Weise erzeugen. Doch leider sind nicht alle Leiden auf so simple Weise zu beheben.

Wenn ich gefragt werde, wie ich arbeite, was mein Selbstverständnis ist, beschreibe ich es so: Ich verstehe mich als Vermittlerin zwischen der Sprache des Körpers und der Seele.

Ein weiteres Beispiel aus der Praxis: Zu mir kam eines Tages eine Patientin, die unter Schulterschmerzen litt. Das Problem war, dass ich die Patientin kaum berühren konnte, da ihr gesamter Körper äußerst empfindlich reagierte. Jede Ausübung von Druck war für sie unangenehm und schmerzhaft. Für mich fühlte sich ihr Gewebe übersäuert und nicht gut durchblutet an. Was war mit ihr los? Erkrankungen aus dem rheumatischen Formenkreis hatte man bereits ausschließen können. Ich kommunizierte mit ihrem Körper: »Was tut dir gut? Was unterstützt dich? Was fehlt dir?« Meist stelle ich diese Fragen im Stummen, richte sie nur an den Körper. Manchmal bete ich auch für den Körper. Durch meine Hände vermittle ich, dass ich ganz bei ihm bin. Wenn der Körper meinen Händen vertraut, bekomme ich meist auch eine Antwort. Anschließend fragte ich meine Patientin direkt: »Was tut dir gut? Was unterstützt dich? Was fehlt dir? Welche Nahrungsmittel tun dir gut, welche nicht? Wann hast du dich das letzte Mal gut gefühlt?« Sie erzählte mir, dass sie gerne Süßigkeiten esse, wovon sie häufiger Bauchweh bekomme, ansonsten aber ernähre sie sich ihrer Meinung nach eigentlich sehr ausgewogen. Das ist, was sie mir sagte. Was ihr Körper mich wissen ließ, war Folgendes: Er vertrage weder Schweinefleisch noch Joghurt und Bananen. Ich teilte ihr diese Antworten mit und bat sie darum, diese Nahrungsmittel in den nächsten zwei Wochen zu meiden und anschließend wieder zu mir zu kommen. Dann würden wir schauen, ob sie immer noch so schmerzempfindlich auf Berührungen reagiere. Zwei Wochen später kam die Patientin wie verabredet wieder zu mir und sie strahlte mich an. Was war passiert? Die Schmerzempfindlichkeit war verschwunden, ich konnte ihren Körper problemlos anfassen und mich um ihr eigentliches Anliegen, die Schulterschmerzen, kümmern.

Etwa 60 Prozent meiner Patienten kommen mit Beschwerden zu mir, die durch seelische Verletzungen ausgelöst wurden. Manch einem ist gar nicht bewusst, wie weitreichend die Folgen solcher Verletzungen sein können und wie sie in unser Leben hineinwirken, auch wenn sie lange zurückliegen. Eine Patientin, sie war Ende 30, plagten bereits seit ihrer Pubertät enorm starke Menstruationsbeschwerden. Hinzu kamen neuerdings unerklärliche Schmerzen im Lendenwirbelbereich. Alle gynäkologischen und orthopädischen Untersuchungen blieben ohne Befund. Die Patientin selbst berichtete mir, sie blute so sehr, dass es sie regelrecht ängstige. Während ich versuchte, ihren Lendenwirbelbereich durch eine sanfte Massage zu entspannen, fragte ich sie, ob diese Ängste sie an etwas erinnerten. Sie verneinte. Vor meinem geistigen Auge erschien sie mir plötzlich als kleines, verängstigtes Kind. Ich teilte ihr dieses Bild mit und fragte sie, ob sie sich jetzt an ihre Ängste erinnern könne. Auf einmal flossen die Tränen bei ihr, lange eingekapselte Tränen der Trauer und des Schmerzes. Sie erzählte mir, dass sie von ihrem Vater immer übers Knie gelegt worden war und genau an der Stelle, die heute so schmerzte, geschlagen wurde. Der Vater hatte sich immer einen Sohn gewünscht. Als Kind hatte sie versucht, möglichst unauffällig zu sein und dem Vater alles recht zu machen, um nicht mit Schlägen bestraft zu werden. Lange Zeit konnte sie sich mit

ihrem weiblichen Körper nicht identifizieren, daher ist es verständlich, dass ihre starken Schmerzen während der Menstruation ausgelöst wurden. Die Schläge durch den Vater waren ein streng gehütetes Familiengeheimnis. Niemand hatte sich jemals getraut, darüber zu sprechen. Indem sie sich mir mitteilte, brach sie das jahrzehntelange Schweigen. Für solche Gespräche muss es ein großes Vertrauen vonseiten der Patientin geben. Ich empfahl ihr, eine Psychotherapie zu machen. Sie musste ihre Lebensgeschichte mit professioneller Hilfe aufarbeiten und begreifen, dass die Ursachen ihrer Schmerzen in der Vergangenheit zu finden waren. Heute ist die Patientin komplett schmerzfrei und hat es geschafft, sich über ihren weiblichen Körper zu freuen.

Ich hoffe, die Beispiele aus meiner Arbeit mit Menschen machen deutlich, dass es hier nicht um so etwas wie Wunderheilung geht. Mein »Tun« besteht darin, für mein Gegenüber eine liebevolle, würdevolle und fürsorgliche Aufmerksamkeit aufzubringen. Gegenseitiges Vertrauen ist dafür unerlässlich. Meine Wahrnehmung ist durch meine jahrelange Ausbildung und Selbsterfahrung geschult.

DIE GUTE ABSICHT DES SYMPTOMS

Kein Beschwerdesymptom ist ein Feind der Seele – finde die »gute Absicht« des Symptoms heraus. Wofür dient die Erkrankung? Ich fordere immer wieder: »Liebe dein Symptom!« Es ist der beste Lehrmeister und Wegweiser, um wieder gesund zu werden.

Ich weiß, dass dieser Satz – insbesondere für schwer kranke Menschen – provokant klingen mag.

Jeder Körperbeschwerde liegt das Ursache-Wirkungs-Prinzip zugrunde und sie ist Zeugnis eines Ungleichgewichts. Dieses Ungleichgewicht kann die verschiedensten Auslöser haben. Manchmal werden auch Erkrankungen generationsübergreifend weitergegeben. Dennoch bin ich tief überzeugt davon, dass jede Erkrankung, völlig unabhängig vom Schweregrad, für uns Menschen Wegweiser sind. Manchmal ist es gesünder zu erkranken, als Systeme zu bedienen, die uns Menschen von unserer Menschlichkeit entfremden. Jede Erkrankung dient und formt uns. Der Gesundheit dient es mehr, mit dem Symptom zu leben, als sich gegen es zu richten.

Wenn ich anfange, etwas *an* mir oder *in* mir als meinen Feind zu sehen, den ich bekämpfen muss, dann mache ich meinen Körper zu einem Kriegsschauplatz. Der friedliche Weg der Heilung ist ein anderer, nämlich den Organismus so zu stärken, dass er sich aus sich heraus selbst heilen kann und wieder in ein Gleichgewicht gelangt.

Gesundheit hat immer auch sehr viel mit Erinnerung zu tun. Wann, wo und wie bin ich aus dem Gleichgewicht gekommen? Lebe ich in einer gesunden Umwelt? Welchen Reizen bin ich tagtäglich ausgesetzt?

Viele Fragen sind bei gesundheitlichen Prozessen zu stellen. Eine Krankheit kann ein Hilfeschrei des Körpers sein, wenn unsere Lebensweise uns schwächt. Ebenso kann ein Symptom ein Ausdruck dafür sein, dass die Seele versucht, uns auf ein Ungleichgewicht hinzuweisen. Krankheit ist auch schlichtweg Ausdruck unserer Endlichkeit und Sterblichkeit. Es ist ratsam, sich mit Krankheitszeichen »anzufreunden« und sich auf Spurensuche nach den auslösenden Faktoren zu begeben. Daher bitte ich meine Patienten, sich so umfangreich wie möglich über Krankheitsbilder zu informieren und, soweit möglich, die Verantwortung für sich zu behalten.

Du selbst kennst deinen Körper und deine Seele am besten. Beachte die Grenzen deines körperlichen Seins und Könnens, sei empathisch mit dir. Jeder Mediziner, Heiler oder Heilpraktiker kann nur eine Krücke sein auf dem Weg zum Heilungsprozess.

Wie wertvoll Gesundheit ist, merken wir meist erst im Krankheitsfall. Es ist wichtig, dass man sich das manchmal vergegenwärtigt und nicht alles Gute, das uns widerfährt, als selbstverständlich hinnimmt. Ich drücke meine Dankbarkeit zum Beispiel in Form eines Gebets aus. Dafür folgende Übung:

ÜBUNG: GEBETSSÄCKCHEN DES DANKS

Für diese Übung musst du ein paar kleine Vorbereitungen treffen. Besorge dir ein Stück reinen Baumwollstoff, eine Schnur (bitte keine Kunstfaser, nur natürlich abbaubare Stoffe) und getrocknete Heilkräuter, die du gern magst. Den Stoff schneidest du in kleinere Vierecke mit etwa 10 Zentimeter Seitenlänge, auch die Schnur teilst du in Stücke von ungefähr dieser Länge. Verpacke diese Utensilien so, dass du sie immer problemlos bei dir tragen kannst.

Bei dieser Übung geht es darum, einen *Ort der Kraft* in deiner unmittelbaren Umgebung zu finden. Dieser Ort kann ein spezieller Platz in deinem Garten sein, im Park oder auf dem Friedhof. Vielleicht ist es auch eine besondere Sitzbank mit einer schönen Aussicht, wo du gern sitzt. Hör auf dein Bauchgefühl, welcher Platz die Kraft hat, deine Vitalität zu stärken. Wenn du in der Stadt lebst, dann sollte dieser Ort möglichst nicht weiter als 15 Minuten Fußweg von deinem Zuhause entfernt sein.

Orte der Kraft sind nicht nur dazu da, um an ihnen aufzutanken oder Heilung zu erhalten, sondern auch, um sich zu bedanken. Geh in den Austausch mit diesem Ort: Was genau gibt dir hier Kraft? Die Ruhe, die Aussicht, ein Stein, die Möglichkeit des Sich-Anlehnens? Als Nächstes geh in Gedanken den Ablauf deines Tages durch und bedanke dich für alles, was du an diesem heutigen Tag erlebt hast. Für jeden Dank nimm ein Stück Baumwollstoff, leg als kleine Opfergabe etwas von dem Heilkraut darauf und schnüre es so zusammen, dass ein kleines Säckchen entsteht. Gib deine Dankesgebete in das Säckchen hinein, während du es zubindest. Du kannst am Ende eine Reihe von Säckchen zusammenknoten. Bedank dich für alles, was dir am Herzen liegt. Bedank dich bei dem Platz, der dir Kraft spendet. Bedank dich für deinen Nachbarn oder dafür, was du tagtäglich leistest. Wiederhole diese Übung zu Anfang am besten täglich. Dann vielleicht nur einmal in der Woche und später einmal im Monat. Die Gebetssäckchen kannst du in Bäume, Sträucher oder an Zäunen aufhängen. Der Wind trägt deine Gedankengebete fort. Oder, wenn du magst, trage die Säckchen als Erinnerung bei dir.

Wenn dir das Knüpfen der Gebetssäckchen zu mühselig ist, streu einfach eine Prise Samen, Hirse oder Heilkräuter als Dank in die Luft.

Einen Dank auszusprechen, vermittelt uns nicht nur das Gefühl der Wertschätzung. Es stärkt den Blick darauf, was wir im Leben alles besitzen – ohne dass wir dafür etwas leisten müssen.

AFFIRMATION

»Du bist Teil vom Ganzen und das Ganze ist ein Teil von dir. Alles Wissen des Universums ist in dir gespeichert.«

KAPITEL 9

VERTRAUE DEINER WAHRNEHMUNG

Nichts ist im Verstand,
was nicht zuvor in der Wahrnehmung wäre.

Arabisches Sprichwort

SO NEHME ICH DIE DINGE WAHR

Im Sommer 1995, damals war ich gerade 15 Jahre alt, gab es eine Situation, an die ich nicht gerne zurückdenke. Ohne mir viel dabei zu denken, erzählte ich meinen Schulfreunden, warum ich eine ganz besondere Beziehung zu Bäumen habe, in denen ich die wahren Meister der Meditation sehe. Bäume sind fest verwurzelt, sie stehen aufrecht, sie stellen eine direkte Verbindung zwischen Erde und Himmel dar. Bäume sind Hingabe an das Leben – und so lebendig wie ich. Ihr Anblick erinnert mich daran, welche Kraft in der Entschleunigung liegt, und ihr Anblick verleiht mir die Kraft, mich ganz aufzurichten zu können. Bäume halten den Stürmen des Lebens stand. Ihre Krone strebt in den Himmel, sie ist frei. Die Baumkrone ist für mich der Inbegriff eines Freigeistes. Das habe ich damals, als junges Mädchen, gespürt. Wie reagierten die anderen Jugendlichen, denen ich davon völlig unbedarft erzählte? Sie verstanden mich nicht. Sie lachten mich aus, was ich sehr verletzend fand. Damals war mein Selbstbewusstsein nicht besonders ausgeprägt, ganz im Gegenteil. Diese Erfahrung hat mich viele Jahre verstummen lassen, wenn es darum ging, anderen mitzuteilen, was ich wahrnehmen kann und was mich die Natur lehrt. Ich war beirrbar. Einige Jahre meines noch jungen Lebens hatte ich sogar das Gefühl, dass mit mir etwas nicht stimmt, weil die anderen mich für absonderlich hielten. Nur weil ich irgendwie mehr fühlte, wenn ich Menschen, Pflanzen oder Tiere berührte. Wie bereits erwähnt, nehme ich in Bildern wahr. Für mich ist das nicht immer ein Vergnügen, manchmal ist diese Gabe eine Bürde und sie verlangt viel Verantwortung von mir. Die Schattenseiten menschlichen Handelns hinterlassen nicht nur erfreuliche Bilder in meinem Kopf. Damit umzugehen, musste ich erst lernen.

Als Jugendliche habe ich das alles versucht auszublenden, war darauf konzentriert, mit den nicht gerade einfachen Umständen, in denen ich aufwuchs, klarzukommen. Erst Jahre später, da war ich schon 28 Jahre alt, erkannte ich, dass es kein Fluch, sondern eine Gnade ist, was mir mitgegeben wurde. Da erst traute ich mich, auf meine Wahrnehmung zu hören. Ich habe mich damals selbst in therapeutische Hände begeben, weil ich Hilfestellung beim Sortieren meiner inneren Welten brauchte. Während dieses Prozesses kristallisierte sich immer mehr der Wunsch heraus, als Heilpraktikerin zu wirken, um anderen Menschen zu helfen. Das Vertrauen meiner damaligen Therapeutin in meine Fähigkeiten bestärkte mich ungemein darin, mein Leben den Heilkünsten zu widmen. Irgendwann habe ich auch begriffen, dass ich gar keine Wahlmöglichkeiten habe: Ich tue das, was ich tun muss! Es ist meine Berufung und mein Seelenversprechen an die Erde. Und hätte ich die Wahl, dann würde ich mich heute immer noch so entscheiden. Der Mensch ist ein Wunderwerk der Schöpfung und die wilden Lebensgeschichten, die ich erfahre, berühren mich – jeden Tag aufs Neue!

Heute, mehr als 20 Jahre später, kann ich meine Erlebnisse und meine Empfindungen zu Papier bringen und ich habe das Vertrauen, dass einige meiner Leserinnen und Leser ganz genau nachempfinden können, was ich ihnen mitteilen möchte. Die Rückmeldungen meiner Patienten sind mir auch eine große Stütze gewesen, um überhaupt dieses Vertrauen in mich selbst entwickeln zu können. Eine Frau mit extremen Beschwerden im Halswirbelbereich suchte mich beispielsweise in meiner Praxis auf. Ich fragte sie, ob etwas Besonderes vorgefallen sei, was die Ursache der Probleme sein könnte, oder was sie vermutete, woher diese plötzlichen Schmerzen stammen. Nein, antwortete sie mir, sie habe nichts anders gemacht als sonst, keine Bewegungen oder Aktivitäten, die sie nicht gewohnt sei; plötzlich seien diese Nackenschmerzen da gewesen. Wie aus dem Nichts. Sie verstehe es selbst nicht, rekapitulierte meine Patientin ihre Situation. Ich bat sie, den Oberkörper frei zu machen, um sie untersuchen zu können. Das Einzige, was ich feststellen konnte, war eine Verhärtung des Muskeltonus. Als Nächstes begann ich damit, den Schulterbereich durch Massage zu entspannen. Nach einigen Minuten war mir klar: Die Schmerzen mussten eine andere Ursache haben. In meiner inneren bildlichen Wahrnehmung, während ich die Patientin weiter massierte, sah ich die Frau hinkend und ihr rechtes Bein haltend. Ich erzählte ihr von diesem Bild – und sie antworte: »Das gibt's doch nicht! Das kannst du gar nicht wissen!« Ich fragte sie, was sie meine. Vor einer Woche, berichtet sie, sei ihr eine schwere Kiste auf den Fuß gefallen. »Soll ich dir es mal zeigen, Tala?«, fragte sie. Dabei zog sie ihren Strumpf aus. Der gesamte Spann des Fußes war blau von Blutergüssen, was mich nicht sonderlich verwunderte.

»Ich wusste ja nicht, dass mein Fuß und mein Hals in Verbindung stehen«, sagte sie. Und weiter: »Dir kann man einfach nichts vormachen.«

Das ist ein Satz, den ich häufig in der Praxis höre. Vertrauen in meine Fähigkeiten braucht aber ein entsprechendes Gegenüber, das sich einlässt, damit die Wahrnehmung nicht nur ein Produkt meiner Gedanken, ein Hirngespinst, bleibt. Der Körper teilt mir Bilder mit, ich nehme sie auf, und wenn es angebracht ist, dann teile ich sie mit meinen Patienten. Das ist häufig der Fall. Auf

den Körper eines Menschen kann ich mich verlassen, er ist immer ehrlich. Während das Gemüt Schwankungen unterliegt, ist der Körper immer ein guter Spiegel. Er offenbart alles, angefangen bei einem Trauma bis hin zum täglichen Wasserverbrauch ist fast alles ablesbar. Er speichert unsere Erfahrungen, unsere Erinnerungen. In meinen Wahrnehmungen werde ich durch die Rückmeldungen meiner Patentinnen gestärkt. So habe ich schließlich im Laufe der Jahre gelernt, aus meiner Verstummung früherer Zeiten auszubrechen. Heute mache ich den Menschen Mut, auch ihrer Wahrnehmung zu trauen und auf sie zu hören. Denn jeder Mensch hat die Gabe der Wahrnehmung, mag sie auch anders ausgeprägt und nicht so extrem sein wie bei mir. Jeder Mensch ist in der Lage, seine Fähigkeiten weiterzuentwickeln, wenn er das will.

UNSERE SINNLICHE WAHRNEHMUNG

Um zu erklären, was *Wahrnehmung* bedeutet, ziehe ich einen vielleicht auf den ersten Blick seltsamen Vergleich heran: Für mich ist die Wahrnehmung wie ein listiger Kojote mit wildem Charakter. Denn: Man kann ihn nicht so einfach einfangen; er ist ein pfiffiger Trickser, ein Zauberkünstler, ein manchmal zwiespältiges Wesen, das gerne alles auf den Kopf stellt und das man nicht immer begreifen kann. Man weiß nie, wann man ihm glauben kann und wann nicht. Und so verhält es sich eben auch mit unserer Wahrnehmung. Wann liegen wir richtig, wann trügt sie uns? Wie wir etwas empfinden, wie wir etwas wahrnehmen, ist sehr individuell. Wahrnehmung hängt immer vom Betrachter ab, vom Empfinden, was wahr ist und was nicht. Unsere Wahrnehmungsfähigkeit ist ein Phänomen. Nicht messbar, nicht zu vereinheitlichen, subjektiv. Für den einen ist das Glas halb voll und für den anderen halb leer. Untersuchungen bei eineiigen Zwillingen haben ergeben, wie unterschiedlich deren Wahrnehmungsfähigkeiten sind, und das trotz ihres identischen Erbguts.

Die sensorische Wahrnehmung unserer Sinne dient dazu, von der Außenwelt Informationen zu erhalten und diese zu filtern. Zuständig sind in erster Linie unsere Sinnesorgane. Sie sind ein Leben lang den unterschiedlichsten Reizen ausgesetzt. Unbewusst nehmen wir nicht nur vertraute Signale wie Geruchs- und Geschmacksstoffe, Licht-und Schallwellen oder Druck wahr. Der Körper horcht ständig in sich hinein. Der Prozess der Wahrnehmung ist schlicht wie ein großer Filter, bei dem unser Gehirn mitentscheidet, welche Sinnesreize wichtig sind und welche außer Acht gelassen werden, also nicht ins Bewusstsein dringen. Denn wenn wir alles aufnehmen würden, was uns an Reizen umgibt, wären wir überfordert und würden »durchdrehen«. Hier ein sehr einfaches Beispiel, wie unser Gehirn Wahrnehmung beim Lesen filtern kann. Bitte lies den folgenden Satz:

Mit sher gre?oßer Wa?rsehcinlihcheit k?nöen sie dseiee Zlii?en lse?n und vretseh?n, da di? Rien?olge d? Bcuhstaben f?r die Varverareibeitung der Wrö?r nchit nötw?nig ist.

Wir können den Satz verstehen, weil wir nicht Buchstabe für Buchstabe lesen, sondern die Wörter als Ganzes *wahrnehmen*. Unser Gehirn filtert aufgrund unserer Erfahrungen den Sinn heraus und spart auf diese Art und Weise die Energie, alles genau zu entziffern. Unsere Wahrnehmung ist also nie losgelöst von unseren Erfahrungen. Sieht unser Auge zum Beispiel zwei Striche, muss unser Gehirn entscheiden: Nimmt es diese beiden Striche als ein =-Zeichen wahr oder als römische Zahl II?

Noch ein Beispiel für eine geschulte Wahrnehmung ist die Reaktion beim Anblick einer Zitrone. Gucken wir sie an, dann zieht sich bei vielen der Speichel im Mund zusammen, weil wir wissen, was die Säure der Zitrone auslöst. Unser Erinnerungszentrum hilft dabei, das wahrzunehmen, was wir kennen. Daher ist es wichtig, so viele Eindrücke wie möglich zu sammeln, damit unser Gehirn möglichst viele Erinnerungen speichern kann. Je besser unsere Sinne trainiert sind, umso stärker wird unser Gedächtnis auf die Fülle von Erinnerungsschätzen zurückgreifen können.

Nehme ich etwas zum allerersten Mal achtsam wahr, dann speichert mein Gehirn diese Information. Nimm ein Löwenzahnblatt in die Hand, befühle es, riech daran, schau es dir genau an, und dann koste von der Pflanze. Dein Geschmackssinn ruft dir während des Kauvorgangs in Erinnerung, ob er diesen Geschmack bereits kennt und zuordnen kann. Er signalisiert dir, dass der Löwenzahn bitter ist. Von nun an kannst du dir nicht nur ins Gedächtnis rufen, wie die Pflanze aussieht, sondern auch, wie sie schmeckt, wie sie sich anfühlt und riecht. Diese Form von Erfahrungen brauchen wir, damit wir prüfen können, was süß oder bitter ist oder ob eine Situation sich für uns gut oder schlecht anfühlt. Erst dann können wir der Wahrnehmung eine Bedeutung beimessen.

Natürlich kann unsere Wahrnehmung gestört sein. Manche Menschen können vielleicht nur lückenhaft wahrnehmen, weil sie unter einer Sehstörung leiden. Andere wiederum leiden an einer psychischen Erkrankung wie zum Beispiel Halluzinationen. Ihre Wahrnehmung ist dann verändert. Auch Schlafmangel, Stress, Drogen und Medikamente können die Wahrnehmungsfähigkeit beeinflussen, sie intensivieren oder schwächen.

MIT WELCHEN SINNEN NIMMST DU AM LIEBSTEN WAHR?

Schreibst du gerne? Ist in dir das Bedürfnis, alles Neue berühren zu wollen, um es begreifen zu können? Magst du lieber Hörbücher oder liest du lieber selbst? Wie verarbeitest du Reize am besten, wenn du siehst oder hörst? Erinnerst du dich eher an Düfte oder an Klänge, wenn du in einer fremden Umgebung warst? Wenn du etwas gegessen hast, erinnerst du dich mehr an den Geschmack oder an den Duft der Speise? Die meisten Menschen bevorzugen einen Sinn. Zu welchem Typ gehörst du? Die folgenden Übungen sollen dir helfen, deine Sinneswahrnehmung zu schulen. Wenn dir vertraut ist, welchen Sinn du bevorzugst, dann ist es gut, die anderen Sinne auszubilden, damit sie mehr geschult werden. Jeder Sinn kann und sollte trainiert werden. Menschen, denen nicht alle ihre fünf Sinne zur Verfügung stehen, entwickeln häufig außergewöhnliche Fähigkeiten der anderen Sinne, um diesen Mangel auszugleichen.

Je häufiger du die folgenden Achtsamkeitsübungen wiederholst, umso stärker wird deine Wahrnehmungsfähigkeit.

ÜBUNG: HÖREN

Such dir für die Übung deines Hörsinnes einen Platz deiner Wahl im Freien. Der Ort sollte nicht vom Straßenlärm dominiert sein. Schließ dort deine Augen.

Halte dir zunächst eine Minute lang die Ohren zu und versuch danach einige Minuten lang, den Geräuschen in deiner Umgebung deine ganze Aufmerksamkeit zu widmen. Was hörst du in der Ferne und was in der Nähe? Welche Geräusche sind laut, welche leise? Wo ist Stille? Wie kannst du die Geräusche beschreiben? Versuche, so genau wie möglich zu orten, aus welcher Richtung die Geräusche kommen, ohne dass du hinschaust. Dreh dich in andere Richtungen und lausche, ob sich die Klänge verändern.

ÜBUNG: SEHEN

Such dir eine Wildblume oder ein Wildkraut. Es ist nicht wichtig, ob du die Pflanzengattung bestimmen kannst oder nicht.

Achte auf Form, Gestalt, Farbe, Merkmale. Ist die Blüte geöffnet? Sieht man die Pollen? Oder wirkt die Blüte eher geschlossen? Wo steht die Pflanze? Schau so genau wie möglich hin. Was kennzeichnet diese Pflanze? Welche anderen Pflanzen stehen in der Umgebung? In welchen Merkmalen unterscheiden sie sich und in welchen gleichen sie sich?

ÜBUNG: RIECHEN

Erlebe ein Feuerwerk der Düfte, wenn du aus der Haustür gehst.

Sobald du aus der Wohnung oder aus dem Haus getreten bist, nimm einen tiefen Atemzug durch die Nase. Riech an der *Haustür*, an der *Mauer*, am ersten *Baum*. Beschnuppere die Erde, auf der du gehst. Und ja, rieche die Menschen, die dir entgegenkommen, die Luft, die dich umgibt, den Stein am Wegesrand, den Busch, die Zäune. Welche Gerüche sind dir angenehm? Versuche, diese Düfte zu beschreiben. Kannst du erraten, wo der Ursprung des Dufts liegt? Was riecht ähnlich? An was erinnert dich der Duft?

ÜBUNG: TASTEN

Berührung ist unsere erste Sprache, und je mehr wir berühren und berührt werden, umso intensiver wird unser Körperempfinden.

Geh in den Garten, in einen Park oder in den Wald. Schön wäre es, wenn du für diese Übung verschiedene Bäume zum Anfassen in unmittelbarer Umgebung finden würdest. Befühle die Rinde einer Birke, einer Eiche, einer Fichte oder einer Buche. Schließ dabei die Augen. Erfühle Form und Oberfläche der Rinde. Ist die Rinde warm, kühl, rau, weich, hart, glatt, flauschig oder kratzig? Was genau fühlt sich unterschiedlich an? Verändert sich die Rinde am Stamm? Ertaste alles weiterhin mit geschlossenen Augen. Wie sind die Formen der Blätter und der Äste? An was könnte die Rinde dich erinnern? Wenn keine unterschiedlichen Baumarten in der Nähe sind, dann ertaste verschiedene Bäume einer Gattung. Wenn mehrere Birken in deiner Nähe stehen: Nimmst du Unterschiede von Birke zu Birke wahr? Wenn ja, welche?

ÜBUNG: SCHMECKEN

Koste etwas, das dir *nicht* vertraut ist, zum Beispiel einen Heilkräutertee aus Angelikawurzel, ein fremdes Gewürz oder Lebensmittel.

Du kannst dir auch einen Tee mit Safranfäden zubereiten, dafür genügen vier bis fünf Fäden aufgelöst in 100 Milliliter heißem Wasser. Die Fäden können mitgetrunken werden. Trink langsam und lass jeden Schluck auf der Zunge ruhen. Was genau schmeckst du? Verändert sich etwas an deinem Speichel? Wenn ja, wo im Mund? Verändert sich deine Stimmung? Verändert sich etwas an deinem Körper? Den Geschmackssinn kannst du bei jedem Gericht üben, vor allem aber, wenn du fremdartige Gerichte ausprobierst. Mit welchen Gewürzen wurde gekocht? Iss, ohne die Augen zu öffnen, und konzentriere dich auf jeden einzelnen Bissen. Kau langsam und oft, was übrigens gut für die Verdauung ist. Und: Nimm ruhig auch mal Gegenstände und Materialien in den Mund, die du sonst nie in den Mund nehmen würdest: Leder, Metall, Holz oder Steine (natürlich nicht schlucken!). Wie schmecken sie? Was schmeckst du?

EINE BESONDERS INTENSIVE FORM DES WAHRNEHMENS

Der Mensch ist von Geburt an ein fühlendes Wesen, er hat die Grundfähigkeit, mit all seinen Sinnen *wahrzunehmen* – aber auch über diese fünf Sinne hinaus. Die Wahrnehmung ist, wie schon beschrieben, etwas sehr Komplexes. Die Wissenschaft versucht sie zu erfassen und kommt zu erstaunlichen Resultaten: Blinde Menschen haben die Fähigkeit, trotz eines zerstörten Sehnervs zu sehen, ohne es zu merken: Blindsehende reagieren zum Beispiel in Experimenten auf die Mimik einer anderen Person, ohne dass sie deren Gesicht sehen können, oder sie erkennen ein Muster auf einem Computerbildschirm. Sie nehmen also etwas wahr! Ebenso wie Menschen, die Gliedmaßen verloren haben: Jeder hat schon einmal von den sogenannten Phantomschmerzen gehört – man spürt etwas an der Stelle, wo ein Körperteil fehlt. Auch das ist eine Form der Wahrnehmung.

Der Mensch kann also nicht allein über die fünf Sinne wahrnehmen, sondern auch intuitiv oder – wie es so schön heißt – mit dem Dritten Auge oder dem sechsten Sinn.

Als jemand, der mit heilpraktisch-naturkundlichen Methoden arbeitet, bin ich daran gewöhnt, mit Zweifel und Kritik konfrontiert zu werden. Das fing schon in der Schulzeit an, als spirituelles Bewusstsein als Humbug galt. Selbst später, als ich meine Ausbildung machte, musste ich mir oft anhören: »Alternative Heilkunst, esoterisches Wissen, ach, das ist doch Quatsch, alles nur Placeboeffekt.« Mir fiel es nicht immer leicht, damit umzugehen. Heute ist das anders – mir ist einfach klar, dass es viele Dinge im Leben gibt, die wir vom Verstand her nicht erfassen, nicht erklären können. Sie sind dennoch real. Und ich gehe selbstbewusst und offen mit denen um, die Gegenteiliges behaupten. Die höchste Kunst in der Wahrnehmung besteht ohnehin darin, zu fühlen, zu sehen, zu hören, zu ertasten, *ohne* zu werten.

Die Erfahrungen, die man in einer Schwitzhütte macht, sind für mich eine besonders intensive Form der Wahrnehmung.

Vorab eine Erklärung, was es mit einer Schwitzhütte auf sich hat: Mit den

Schwitzhüttenzeremonien knüpfen wir an die Ursprünge der Menschheit an; sie existieren seit der Entdeckung des Feuers. Überall auf der Welt findet man zeremonielles Schwitzen. Ebenso wie die Visionssuche zählt es zu den ältesten der uns überlieferten Naturrituale. Schwitzen, singen und beten reinigt Körper, Geist und Seele.

Wie sieht eine Schwitzhütte aus? Sie ist ein kuppelförmiger Bau aus Hasel- oder Weidenzweigen, der vollständig mit Decken umhüllt wird. Dieser Bau symbolisiert den Schoß von Mutter Erde, die Gebärmutter. In ihm sitzen die Teilnehmerinnen und Teilnehmer während der gesamten Zeremonie – warm und geborgen. Die Kraft der Sonne wird durch ein großes rituelles Feuer symbolisiert, das gleichzeitig für das männliche Schöpfungsprinzip steht.

Das Feuer wird außerhalb der Schwitzhütte entfacht, in den Flammen beziehungswweise in der Glut werden Steine erhitzt und zum Glühen gebracht. Diese Steine repräsentieren den Samen, sie sind Verbindungsglieder von Sonne und Erde. Sobald die Steine die richtige Temperatur haben, werden sie in die Hütte gebracht. Dort begießt sie der Ritualleiter mit geweihtem Wasser. In der Schwitzhütte verbinden sich nun die vier Elemente: Feuer, Erde, Wasser und Luft.

Die Zeremonie ist als eine Begegnung der Polaritäten, der männlichen und der weiblichen Urkraft, zu verstehen. Zwischen ihnen schwingt der heilige Raum, in dem sich alles Neue entfalten und das Alte hinter sich gelassen werden kann. Ein weiterer symbolischer Aspekt dieses Rituals ist die Reise durch Tod und Wiedergeburt. Von der Erde kommen wir und zur Erde kehren wir wieder zurück. Daran wird sich im Inneren der Schwitzhütte erinnert, ein Prozess von »Stirb und werde« wird durchlebt.

Was genau findet in so einer Hütte statt, in der Menschen unterschiedlichen Alters und sozialer Schichten für eine Gemeinschaft auf Zeit zusammenkommen? Man sitzt in dunkler Geborgenheit in einem Kreis. Nur das Glühen der heißen Steine ist anfangs zu sehen. Den Teilnehmern öffnet sich ein sakraler Raum, in dem der Mensch um Heilung bitten kann. Weil man außer den glühenden Steinen nichts sehen kann, ist die Achtsamkeit nach innen gerichtet. Das Schwitzen und die Grenzerfahrung mit der Hitze fordern die körperliche Präsenz. Dadurch, dass der Körper so in den Vordergrund rückt, löst sich das Ego auf, man verschmilzt mit allen Wesen der Natur. Durch Trommelrhythmen und Gesänge ist jeder aktiv an der Zeremonie beteiligt.

Was ich erlebe? Raum und Zeit lösen sich auf. Selbst in der Dunkelheit nehme ich Farben und Bilder wahr. Auf die üblichen Sinneseindrücke ist kein Verlass. Es existiert kein Getrenntsein mehr – von unseren Ahnen, unseren Eltern und der eigenen Körperlichkeit. Ich erlebe mich als Teil der Schöpfung und bin mit allem verbunden. Die Hitze, das Zischen des Wassers auf heißem Stein, der Geruch der Erde und der Kräuter: Es entsteht ein Raum vollkommener Geborgenheit. Durch mich kanalisieren sich Wörter, die kommen wollen, und Kräfte, die eingeladen worden sind.

Auch Menschen, die nie zuvor eine spirituelle Erfahrung gemacht haben, erleben in einer Schwitzhütte einen veränderten Bewusstseinszustand. Und hier sind wir wieder beim Thema Wahrnehmung: Sie ist auf einmal verändert. Manche Menschen sehen Lichter oder sie hören die Stimmen ihrer Ahnen oder Melodien von Liedern, die wir nicht singen. Alle Erfahrungen werden beim Schwitzhüttenritual mit den anderen geteilt. Es werden übrigens niemals Drogen oder bewusstseinserweiternde Wirkstoffe oder Pflanzen konsumiert. Auch Alkohol ist verboten. Die Menschen, die an der Zeremonie teilnehmen, sind bei klarem Bewusstsein und dennoch erweitern sie ihre Wahrnehmung. Gesänge, Trommelrhythmen oder Meditation sind eine Stütze dabei, diese Wahrnehmung zu erfahren.

Eine Schwitzhütte ist der Raum für eine erdverbundene spirituelle Erfahrung. Der Kreis der Menschen geht achtsam miteinander um und es wird nicht an der Wahrnehmungsfähigkeit gezweifelt, denn sie ist Ausdruck der Herzenswahrheit.

Mit dem Verlassen der Schwitzhüttenzeremonie, die zwei bis drei Stunden dauern kann, nach Verlassen der symbolisierten Gebärmutter, erfolgt eine sinnbildliche Neugeburt. Meist kommt man aus der Schwitzhütte mit dem Gefühl, gereinigt zu sein, und kehrt geerdet in seinen Alltag zurück.

AFFIRMATION

»Ich liebe mich mit allen meinen Schwächen und Stärken.«

KAPITEL 10

DIE INTUITIVE UND INSTINKTIVE KRAFT DER WILDNATUR

Die Intuition ist ein göttliches Geschenk.
Der denkende Verstand ein treuer Diener.
Es ist paradox, dass wir heutzutage angefangen haben,
den Diener zu verehren und die göttliche Gabe zu entweihen.

Albert Einstein

DIE INTUITIVE KRAFT DER WILDNATUR

Neben unseren Sinnen verleiht uns Intuition die Fähigkeit zur Wahrnehmung über das Rationale hinaus. Hochsensibilität, Feinfühligkeit oder eine übersinnliche Wahrnehmungsfähigkeit – oder schlicht die Fähigkeit, klar zu fühlen – ist jedem Menschen gegeben. Diese Fähigkeiten sind nicht nur einigen Menschen mit besonderen Begabungen vorenthalten. Jeder Mensch, ob jung oder alt, kann sie trainieren. Man kann die Intuition mit einem Muskel vergleichen – je mehr wir ihn benutzen und begreifen, desto stärker wird er.

Wie können wir Intuition verstehen? Die Antwort lautet: Gar nicht; die Frage ist irreführend, denn es macht Intuition aus, dass man sie *nicht* verstehen kann. Unser Verstand versteht, analysiert und erfasst logische Zusammenhänge. Bei der Intuition ist das anders, sie kommt nicht aus dem Verstand, sondern hat ihren Sitz in der Seele. Viele Menschen nehmen ihre »intuitive Stimme« im Herzen wahr. Und wenn ich vom Herzen spreche, dann meine ich nicht das physische Herz, sondern ein Energiezentrum, das im Zentrum unseres Brustbeins liegt. Manche sprechen auch von einem Bauchgefühl, dann ist die Quelle ihres intuitiven Fühlens der Bereich um den Solarplexus.

Die Intuition kann als Sinneswahrnehmung wie Sehen, Hören, Fühlen, Riechen oder Schmecken erlebt werden, aber sie ist mehr als ein Teilausdruck dieser Wahrnehmungsfähigkeiten. Die »intuitive Stimme« kann ganzheitlich erkennen.

Ich erfuhr das beispielsweise, als ich bei einem Fünf-Rhythmen-Tanz mitmachte. Das ist eine Bewegungsmeditation, ein Achtsamkeitstraining, bei dem sich der Körper durch fünf Rhythmen (Flowing, Stakkato, Chaos, Lyrical und Stillness) ohne Chorografie freitanzt. Während ich also voller Elan am Tanzen war, tauchte ganz plötzlich das Bild meiner Schwester vor meinem inneren Auge auf. Eine Sorge ergriff mein Herz und meine Bauchdecke verspannte sich. Meine Intuition sagte mir, dass ich hier jetzt rausmuss. Ich verließ den Tanzraum. Während ich dabei war, mich umzuziehen, lag meine Schwester, so erfuhr ich später, ohnmächtig zu Hause auf dem Boden ihres Badezimmers. Sie hatte einen Kreislaufzusammenbruch erlitten.

Oder: Der fünfjährige Sohn einer Freundin war mit seinen Eltern zu Besuch bei seiner Oma und verabschiedete sich – für alle überraschend – voller Gewissheit mit den Worten: »Oma, wir sehen uns gleich wieder, lass mal alles liegen.« Eltern und Oma waren verwundert, man fuhr los, doch keine 30 Minuten später endete die Heimfahrt wegen einer Brücken-Vollsperrung. Die Familie musste umkehren und war kurze Zeit danach wieder zurück bei der Oma. Die Intuition des Kindes war Realität geworden.

Ein Bekannter vertraute mir einmal an, er könne Frauen ansehen, ob sie schwanger sind, und zwar in den frühesten Schwangerschaftswochen. Er meinte, er erkenne das intuitiv am Gesicht. Erst neulich hat er einer Bekannten gesagt: »Ich sehe, dass du schwanger bist!« Sie reagierte erst mal ungläubig und eher mürrisch, denn sie wusste nichts davon, aber zwei Wochen danach lief sie freudestrahlend auf ihn zu: »Ich bin schwanger!«

Solche Geschichten, in denen Intuition eine Rolle spielt, kennen wir alle zur Genüge. Man hat irgendwie eine Ahnung, eine Eingebung, einen Impuls, ein Bild und kann nicht erfassen, woher diese Wahrnehmung kommt. Je mehr wir unserer Intuition trauen und nach ihr handeln, umso mehr leuchtet unser Herz und wächst unsere Seele.

Manchmal wird diese Wahrnehmungsfähigkeit überdeckt durch andere Eindrücke. Unser Verstand versucht ständig, das intuitive Fühlen zu untergraben, er zerstückelt jedes noch so intuitive Beobachten in kleine analytische Teile. Der Verstand will kontrollieren. An diesem Punkt haben die Wildnatur und die Intuition einen gemeinsamen Nenner: Sie lassen sich nicht durch den Verstand kontrollieren. Für mich hat die Kraft der Intuition nichts mit blitzartigen Einfällen oder spontanen Handlungen zu tun. Vielmehr vergleiche ich sie mit der Stimme einer sehr weisen, alten Frau, die in ihrem Leben viele wichtige Erfahrungen gemacht hat. In mühsamer Erinnerungsarbeit sammelt sie, welches Verhalten sie negativ oder positiv geprägt hat. Was richtig und was falsch ist. Denn nicht jedes Gefühl oder jeder Gedanke ist etwas Intuitives. Die weise Alte hat ihr Leben lang Geschichten gesammelt, war wachsam, kann sich erinnern, fügt Überlegungen aneinander und lässt sie im Stillen wirken. Unsere »intuitive Stimme« reagiert nicht unbedacht oder übereilt, sondern mit Besonnenheit. Sie vermittelt ihr Wissen einfach, klar und auf den Punkt.

Intuitives Fühlen ist nicht immer handlungslogisch oder folgt einem sinnenvollen Plan. Ein guter Freund wollte in den Urlaub fliegen. Als er am Flughafen ankam, drehte er wieder um. Der Flug war bezahlt, ein lang ersehnter Urlaub wartete auf ihn. Seine »intuitive Stimme«

sagte: »Nein! Du steigst jetzt nicht in den Flieger!« Als er wieder zu Hause angekommen war, dauerte es keine zwei Stunden, bis er einen Anruf seiner Schwester erhielt. Seine Mutter hatte einen schweren Schlaganfall erlitten.

Das Vertrauen in die eigene Empfindungsfähigkeit ist die Grundmedizin für ein gesundes inneres Gleichgewicht. Daher kann ich nur dazu ermutigen, auf das Bauchgefühl zu hören. Wenn du ein warmes oder dumpfes Gefühl in deiner Körpermitte spürst, solltest du es nicht ignorieren, sondern ernst nehmen. Es kann ein wichtiges Signal sein. Intuition ist ein Zusammenspiel von Seele und Körper, das uns helfen kann, Entscheidungen nicht nur über den Verstand zu treffen.

Ein sehr einfaches Beispiel: Du hast es morgens eilig, aus dem Haus zu kommen. Während du dich fertig machst, fällt dein Blick unbewusst immer wieder auf ein Buch, das du dir von einer Freundin geliehen hast. Du schaust mehr als einmal hin, bis du das geliehene Buch kurz registrierst. Dein schlechtes Gewissen meldet sich: Ich hätte es längst zurückgeben sollen, denkst du. Jetzt kann sich die Szene so abspielen: Du hörst auf dein Bauchgefühl, weil du weißt, dass etwas im Gange ist, wenn es mehr als einmal deine Aufmerksamkeit fordert. Du steckst das Buch ein, wenn du das Haus verlässt. Oder: Dein Verstand vermittelt dir, dass du ja heute keine Verabredung mit der Freundin hast, daher wirst du das Buch nicht brauchen. Doch das Leben ist wild. Sobald du in die Bahn steigst, siehst du die Freundin im Abteil sitzen. Und nach der Begrüßung fragt die Freundin: »Sag mal, wann bekomme ich eigentlich mein Buch zurück?«

Wie unterscheide ich, ob mir meine »intuitive Stimme« etwas mitteilt oder ob der Verstand mir einen Gedanken vermittelt? Es ist eigentlich ganz leicht herauszufinden: Befrage deinen Körper, horche in dich hinein! Atme! Bist du ruhig? Oder fühlst du dich unruhig, geistig erregt und willst am liebsten mit dem Kopf durch die Wand? Dann wirst du nicht von der »intuitiven Stimme« geleitet.

Die folgende einfache Übung kann helfen, wenn du mal in der Zwickmühle steckst und nicht zwischen rationaler Wahrnehmung oder Herz-Bauchgefühl-Wahrnehmung unterscheiden kannst.

ÜBUNG: EINE MINUTE LANG ATMEN

Das Wort »atmen«, lateinisch *spirare*, ist verwandt mit der *Inspiration*. Gönn dir eine bewusste Atempause und lass dich von deiner eigenen Atmung inspirieren. Völlig egal, was du tust und wo du bist. Jetzt, in diesem Moment, wenn du diese Zeilen liest, nimm die Gelegenheit wahr. Lass deine Schultern hängen. Setz dich bequem hin. Deine Füße sollten die Erde berühren. Wie geht es dir jetzt?

Atme tief aus. Atme tief ein.
Atme aus und fühle nach. Atme ein.
Atme aus und atme ein.
Atme aus und wieder ein. Eine Minute lang.

Wie geht es dir jetzt? Und nun stell dir noch einmal die Frage: Handle ich vom Kopf gesteuert oder intuitiv?

Atemtechniken können eine große Stütze dabei sein, wenn wir unsere Intuition schulen. Für die Übung ist es völlig gleichgültig, ob du aufrecht stehst, sitzt, liegst oder spazieren gehst. Atme achtsam – ohne den Atmen zu verändern – ungefähr fünf bis 15 Minuten ein und aus, dann danke deinem Körper, deiner Seele und deinem Geist für die Entspannung.

Wiederhole diese Übung so häufig wie möglich – vor allem dann, wenn du das Gefühl hast, gestresst zu sein.

ÜBUNG: WIE FEINFÜHLIG KANN MEIN KÖRPER WAHRNEHMEN?

Für diese Übung benötigst du zwei identische Briefumschläge (blickdicht), zwei Zettel und einen Stift. Beschrifte einen Zettel mit dem Wort »LIEBE« und den anderen mit dem Wort »HASS«. Steck die beschrifteten Zettel jeweils in einen Briefumschlag und verschließe sie. Mische die Umschläge so lange, bis du nicht mehr weißt, welches Wort in welchem Umschlag verborgen ist. Bist du so weit? Dann kann es losgehen.

Nimm einen der Umschläge in die Hand und halte ihn fest oder leg ihn auf den Boden und stell dich auf ihn. Nun horche in dich hinein. Was passiert mit deinem Körper? Wie verändert sich deine Körperhaltung? Welche Emotionen tauchen auf? Kannst du fühlen, welches Wort sich in dem Umschlag befindet? Wird dir kalt, warm oder bekommst du eine Gänsehaut? Dann stell dich auf den anderen Umschlag und nimm konzentriert wahr. Nimmst du einen Unterschied zum ersten Umschlag war?

Ziel dieser Übung ist es, für sich selbst erfahrbar zu machen, wie feinfühlig der Körper in seiner Wahrnehmung ist. Dein Körper wird höchstwahrscheinlich unterschiedlich auf die Umschläge reagieren, obwohl er nicht weiß, welches Wort in welchen Umschlag verborgen ist. Allein die Wörter »Hass« und »Liebe« mit all ihren Assoziationen reichen aus, um eine unterschiedliche Körperreaktion bei dir auszulösen. Ist das nicht spannend?

Diese Übung funktioniert auch, wenn wir gar nicht wissen, was auf dem Zettel steht. Du kannst einen Freund oder eine Freundin bitten, Wörter für dich auszusuchen und sie in je einen Umschlag zu stecken. Lass dich überraschen, wie viel du wahrnehmen kannst.

DIE INSTINKTIVE KRAFT DER WILDNATUR

»Instinkt ist das dauernde Wesen der Art«, sagte der französische Historiker und Philosoph Edgar Quinet. Unsere Wahrnehmung vertraut nicht nur unserer Intuition, sondern auch unseren Instinkten. Instinkte verbinden uns mit den Urmenschen, viele Jahrtausende evolutionärer Menschheitsgeschichte sind in unseren Instinkten gespeichert. Brüllt jemand laut los und ich erschrecke mich, dann reagiere ich instinktiv, meine Sinne sind sofort wach und ich gehe in eine geduckte Haltung. So wird ein Senegalese handeln ebenso wie ein Chinese oder ein Europäer. Auf unsere Instinkte ist Verlass. Völlig unabhängig davon, wie sehr der Mensch durch seine Kultur geprägt ist. Wenn es um Instinkte geht, sind wir alle gleich; wir haben ein unbewusstes »Wissen«, oder besser gesagt: eine angeborene Handlungsfähigkeit tief in uns.

Die Bezeichnung »Instinkt« geht zurück auf den lateinischen Begriff *instinctus*, was so viel bedeutet wie »Anreiz, Antrieb, Eingebung«. Im übertragenen Sinne bezeichnet es »ein sicheres Gefühl für etwas«. Instinkte verbinden uns mit dem Tierreich. Tiere folgen ihren Instinkten und handeln mehr durch ihren Naturtrieb. Wir Menschen sind von unseren Erfahrungen gesteuert, doch auch wir verfallen in Verhaltensweisen, die instinktgelenkt sind. Für instinktives Verhalten brauchen wir nichts zu erlernen, da es uns vererbt wird.

Tiere haben viele angeborene Instinkte, durch die ihr Verhalten beeinflusst wird. Beobachtet ein Fohlen kurz nach seiner Geburt seine Artgenossen, dann weiß es instinktiv, wie es sich verhalten muss, um zu laufen. Oder Ameisen wissen instinktiv, welche Aufgabe sie in einem Ameisenhaufen als Arbeiterin haben, ohne für dieses Verhalten erzogen worden zu sein. Vögel können fliegen und Fische schwimmen. Im Tierreich gibt es auch erlernte Handlungsweisen, wobei die Jungtiere von den älteren Artgenossen durch Nachahmung lernen.

Auch der Mensch kann instinktiv handeln, viele seiner Verhaltensweisen sind jedoch kulturell geprägt. Traditionen, also die Grundlage von Zivilisation und Kultur, gibt es nach Konrad Lorenz, weil der Mensch die Fähigkeit hat, über sein instinktives Verhalten hinaus zu planen und zu lernen. Der Mensch unterscheidet sich scheinbar vom Tier dadurch, dass er fortschrittlich-vorausschauend handeln kann. Wir wissen, dass es Instinkte und Reflexe gibt; wie sie genau vererbt werden, das wissen wir nicht. Die Wissenschaft kommt – wie in vielen anderen Bereichen – hier an ihre Grenzen.

Angeborene Verhaltensweisen sind, wie Reflexe auch, in unseren Genen gespeichert. Wenn ich mit einem Kugelschreiber auf dein Auge zukomme, wirst du reflexartig deine Augen schließen – so verhalten sich auch schon Babys, ohne dass sie diese Reaktion erlernen mussten. Reflexe hat man, sie können nicht verlernt werden. Und man kann sie in der Regel nicht willentlich beeinflussen. Die reflexartige Reaktion auf einen Reiz ist immer spontan und automatisch. Instinkte dagegen sind viel komplexere Verhaltensweisen. Zu instinktiven Verhaltensweisen gehören zum Beispiel Fluchtverhalten, Jungenaufzucht, Partnersuche und Begattung, Nahrungssuche und Nahrungsaufnahme.

Was haben nun Instinkte mit der Wahrnehmung zu tun? Der Mensch wird sein instinktives Verhalten nicht so einfach ablegen können, da diese Verhaltensweisen nicht bewusst gesteuert werden können. Wenn ich Hunger habe, kann ich versuchen, »willentlich« einige Tage dagegen anzugehen, aber irgendwann siegt der Trieb und wir brauchen Nahrungsaufnahme. Oder wenn der Mensch seinen Sexualtrieb verlöre, dann würde sich die Menschheit nicht mehr fortpflanzen. Als Mensch können wir uns bis zu einem gewissen Grad frei entfalten, aber die Instinkte binden uns an die Schöpfungskräfte. Wenn wir instinktiv handeln, dann ist unsere Reaktion schnell und richtig. Das lange Grübeln fällt beim Fluchtinstinkt weg. Alles in dir weiß: Es droht Gefahr. Es stellt sich nie die Frage: Ist deine Wahrnehmung richtig oder nicht?

WAS STÄRKT UNSERE WAHRNEHMUNG?

Alles, was mit kreativen, lebendigen, schöpferischen Tätigkeiten zu tun hat, stärkt unsere Möglichkeiten der Wahrnehmung. Der Urmensch war alles in einem: Geschichtenerzähler, Tänzer, Maler, Sänger und Heiler. Die Wildnatur in uns will sich ausdrücken dürfen. Innere Eindrücke sollten nach außen eine Gestalt annehmen. Sind wir künstlerisch-kreativ tätig, dann sind wir verbunden mit uns. Unsere innere Mitte wird gestärkt.

Also: Mach regelmäßig Achtsamkeitsübungen, autogenes Training, meditiere oder übe Atemtechniken. Such dir aus, mit welcher Entspannungstechnik du am besten zurechtkommst und was am besten in dein Leben passt.

Trainiere nie unter Stress oder Druck, erzwinge nichts. Strebe nicht nach Perfektion. Sei großzügig mit dir, wenn dir eine Übung nicht sofort gelingt. Finde selbst heraus, womit du schöpferisch tätig sein kannst. Wenn es dir Spaß macht und du keine Kraft verlierst beim kreativen Schaffen, dann bist du auf der richtigen Fährte.

Probier es mit der folgenden Übung gleich einmal aus.

ÜBUNG: ERKUNDE DEINE FANTASIE

Für diese Übung brauchst du einen Zettel und Stifte. Schau dir das Bild auf Seite 154 für einige Minuten an.

Versuche, dich nicht von äußeren Reizen ablenken zu lassen. Nimm das Bild mit all deinen Sinnen wahr. Was hörst du im Wald? Welche Tiere leben dort? Wie ist die Temperatur? Wo fühlst du sie als Erstes? Kannst du den Waldboden riechen? Fühlst du den Wind und die Sonne? Verändert sich dein Geschmack?

Nun schließ für einige Zeit die Augen, bis deine Fantasie Feuer gefangen hat. Nimm dann den Zettel zur Hand und schreib drauflos. Alles ist erlaubt. Es ist deine Geschichte. Welche Geschichte siehst du im Wald? Deine Fantasie ist unbegrenzt, lass dich von ihr entführen.

Wie fühltest du dich vor der Übung? Wie danach? Wiederhole diese Übung mit jedem beliebigen Landschaftsbild. Du kannst auch zusammen mit deinen Kindern, Freunden oder der ganzen Familie eine Geschichte imaginieren. Wenn du diese Übung mehrfach wiederholst, wirst du schon bald merken, welche Vorstellungskraft in dir steckt. Du wirst Dinge anders und intensiver wahrnehmen. Hab keine Angst – du musst kein Schriftsteller sein, kein Künstler – du *bist* kreativ! Jeder von uns ist es!

Die nächste Übung kräftigt deine Muskulatur, sie soll dir aber vor allem einen Raum öffnen, in dem du dich von Naturklängen inspirieren lassen kannst, um mit der Kraft des Tanzes deine Wahrnehmung zu erweitern.

ÜBUNG: KREATIVER WILDTANZ

Geh hinaus in die Natur und such dir einen ungestörten Platz, wo du dich unbeobachtet fühlst.

Tanze mit den Geräuschen, die du dort hörst. Beweg dich zu den Windwellen und den Vogelgesängen. Siehst du Formen, die dich dazu animieren, sie zu imitieren? Wie drückt sich die Kraft von Wasser, von Regen oder der Duft einer Blume in deinem Körper aus? Wenn es regnet, könnte deine Bewegung ein Schütteln und Kreisen der Schultern sein. Oder der Wind lässt deine Hüften schwingen. Oder deine Bewegung imitiert ein fallendes Blatt. Werde zum Lebenstänzer beziehungsweise zur Lebenstänzerin deiner Sinneseindrücke. Vielleicht wirst du dich auch gar nicht viel bewegen – oder aber du wirst dich so bewegen, wie du noch nie zu Musik getanzt hast. Alles ist möglich, alles ist richtig. Lass dich einfach von dir selbst überraschen. Diese Übung hilft, dein Körperempfinden zu stärken.

In der folgenden Meditation richten wir unsere Wahrnehmung nach innen und versuchen, äußere Reize zu ignorieren. Je mehr störende Faktoren wir ausschalten, desto besser konzentrieren wir uns auf das Wesentliche.

ÜBUNG: DIE BAUMMEDITATION

Diese Meditationsübung kann im Haus durchgeführt werden, besser aber in unmittelbarer Nähe eines Baums. Die Übung dauert circa zehn bis 15 Minuten. Ziel ist es, sich danach entspannter zu fühlen. Überleg dir vor der Übung Folgendes: Wenn ich ein Baum wäre, welcher wäre das? Eiche, Pappel, Linde, Esche …?

Stell dich mit leicht gespreizten Beinen hin, locker in den Knien. Schließ die Augen, lass die Schultern sinken und entspanne die Kiefermuskulatur. Versuche, so entspannt wie möglich zu stehen. Nimm deine Atmung wahr, ohne sie zu verändern. Stell dir vor, dein Körper verwandelt sich langsam in einen Baum. Deine Füße bilden die Wurzeln, dein Körper wird zum Stamm. Kopf und Arme bilden die Krone des Baums. Richte deine Aufmerksamkeit auf deine Füße. Sie verändern sich und werden zu Wurzeln. Du fühlst, wie sie sich mit dem Erdboden verbinden und mit jedem Ausatmen tiefer in die Erde dringen. Vielleicht kannst du einen erdigen Geruch wahrnehmen. Von den tiefen Wurzeln in der Erde steigt ein warmer, leuchtender Strahl auf. Fühlst du die Wärme? Zieh mit deinen Wurzeln diesen Lichtstrahl in deinen Stamm hinein. Der Lichtstrahl steigt langsam höher und höher, bis das Licht deinen ganzen Körper umhüllt. Dieses Licht erreicht deine Arme und deinen Kopf. Du spürst, wie sie zu Ästen werden und sich in den Himmel richten. Die Äste werden immer größer und verästelter. Sie werden zu einem kraftvollen Baum. Fühle, wie der Lichtstrahl aus den Wurzeln bis hoch in jeden kleinen Zweig fließt. Du bist verbunden mit der Erde. Du wirst angereichert mit kraftvoller Energie, die aus der Erde kommt. Die Kraft, die durch das Licht aufsteigt, schenkt dir Geborgenheit und Ruhe. Du strahlst von innen. Atme weiter gleichmäßig ein und aus. Mit jedem Einatmen zieht sich ein Ast mit seinen Zweigen und Blättern langsam wieder in deinen Körper hinein. Du wirst langsam wieder ein Mensch. Deine Wurzeln werden wieder zu Füßen und der Stamm dein aufrechter Körper. Komm wieder im gegenwärtigen Augenblick an und spüre nach. Atme noch mal bewusst ein und aus! Wie geht es dir jetzt?

Je natürlicher unsere Lebensbedingungen sind, umso mehr sind wir in der Lage, intuitiv wahrzunehmen und zu handeln. In unserer modernen Welt haben viele verlernt, auf ihre tiefen Sinneswahrnehmungen zu vertrauen. Wie du deine Sinne schulen kannst, habe ich im vorherigen Kapitel beschrieben. Da die Wahrnehmungsfähigkeit eine sehr persönliche und individuelle Begabung ist, will ich dich dazu anspornen herauszufinden, was dich persönlich stärkt.

Mir geht es so, dass ich in einem Betonbau voller Funkstrahlen meine Antennen für intuitives Wahrnehmen gar nicht öffnen mag. Stattdessen habe ich das Bedürfnis, mich vor Fremdenergien zu schützen. In der Natur hingegen und insbesondere an wilden Plätzen fühle ich mich in meiner Mitte gestärkt. Ich empfinde es als Segen, meinen Kopf im Freien lüften zu können. Dann kann ich am besten herausfinden, welche Bedürfnisse ich in diesem Moment habe. Such dir den für dich am besten geeigneten Platz, um dich für deine Intuition zu öffnen.

Meine Wahrnehmungsfähigkeit kann ich sehr gut schulen, wenn ich alleine für mich bin, ohne Anforderung von außen. Dann kann ich verarbeiten, dann komme ich zur Ruhe. Ebenso ist ausreichend Schlaf für mich wichtig. Ich lebe mit dem Licht der Jahreszeiten. In Wintertagen gehe ich einfach mal um acht Uhr abends schlafen und stehe auf, wenn die Sonne mich wach küsst. Je weniger Reizen und Ablenkungen ich ausgesetzt bin, umso besser kann ich mich konzentrieren.

Gesunde und ausgewogene Nahrung ist für mich sehr wichtig. Wenn ich mich den ganzen Tag aus Fertiggerichten ernähre, dann stumpfe ich emotional ab. Mit allem, was ich esse, gehe ich eine Verbindung ein, daher ist es mir am liebsten, wenn ich nachvollziehen kann, mit welcher Energie ein Nahrungsmittel behandelt wurde und gekocht wird. Deswegen gönne ich mir Speisen, die mich kräftigen und heilen. Was das Thema Ernährung angeht, habe ich folgende Erfahrungen gemacht, an denen ich dich teilhaben lassen möchte. Es sind Anregungen, keine Diätvorschläge und keine Aufforderungen! Filtere für dich heraus, was dir gefällt.

Ich finde es spannend, mir vorzustellen, wie die Menschen vor Tausenden von Jahren gelebt haben und was ihnen als Nahrung zur Verfügung stand: Sie bewegten sich viel im Laufschritt und unternahmen lange Wanderungen. Was stand auf ihrem Speiseplan? Was sie aßen, wuchs in schadstofffreier Erde, ohne Chemikalien und Dünger. Obst und Gemüse, Beeren, Nüsse, Wildkräuter gab es je nach Jahreszeit. Und Fleisch nur dann, wenn die Menschen Tiere erlegt hatten. Nahrung war kostbar. Kein Nahrungsmittel stand zu jeder Zeit zur Verfügung. An diesem Bild richte ich mich aus. Was heißt das konkret? Ich esse so regional wie möglich. Mir ist es wichtig, dass Nahrungsmittel in gesunder Erde gedeihen können – also so biologisch-dynamisch wie nur möglich. Wildkräuter und Kräuter sind eine wichtige Nahrungsquelle. Ich esse keine Nahrungsmittel, die gentechnisch verändert sind. Ich achte darauf, dass zum Beispiel die Kerne in Früchten nicht weggezüchtet sind. Bei Obst ist das häufig der Fall. Ebenso sind Bitterstoffe in der Nahrung wichtig. Mich überfordert häufig das Überangebot von Nahrungsmitteln, daher versuche ich, saisonal zu essen. Erdbeeren im Winter schmecken mir nicht.

An Praxistagen benötige ich Kraft und Aufmerksamkeit und bin auf meine »feinfühligen« Antennen angewiesen. Deswegen versuche ich, auf die Menge meiner Nahrung zu achten. »Ein voller Bauch studiert nicht gern«, heißt es im Volksmund, und da ist etwas Wahres dran. Für den Organismus ist ein voller Bauch Schwerstarbeit, die Verdauungsorgane benötigen nun die gesteigerte Aufmerksamkeit des Körpers. Diese Energie fehlt an anderer Stelle. Somit ist es auch schwierig für mich, mit vollem Bauch mit einem Patienten zu arbeiten oder meine Wahrnehmungsfähigkeit zu trainieren. Von meinen Fastenerfahrungen weiß ich: Je weniger ich esse, umso intensiver fühle ich.

Vor allem habe ich die Erfahrung gemacht, dass der Konsum von raffiniertem Zucker mir nicht guttut. Ich werde hibbelig und nervös. Daher versuche ich, beim Einkauf darauf zu achten, keine Nahrungsmittel zu kaufen, die zusätzlichen Zucker enthalten. Haushaltszucker kann die Ursache vieler gesundheitlicher Probleme sein: Müdigkeit, Antriebslosigkeit, Übergewicht, Magen-Darm-Erkrankungen, Schwächung des Immunsystems, Pilzbefall, Depression, Nervosität, Schlafstörungen, Diabetes mellitus – um nur einige wenige Krankheiten zu nennen. Zucker führt zu Übersäuerung im Bindegewebe. Je weniger Zucker ich zu mir nehme, umso größer ist meine Aufnahmebereitschaft. Ich bin vitaler, meine Konzentrationsfähigkeit steigt, es gelingt mir besser, auf meine Bedürfnisse zu hören.

Der Konsum von Suchtmitteln – ob Pflanzen, Pilze oder harte Drogen – kommt für mich überhaupt nicht infrage, da ich als Mensch unendlich viel Potenzial habe wahrzunehmen, ohne meine Sinne zusätzlich manipulieren zu wollen.

Meine Ratschläge, wie du deine Wahrnehmung trainieren kannst:

- Folge deinem natürlichen Biorhythmus. Ein gesunder Schlaf stärkt dich. Finde heraus, zu welchem Schlaftyp du gehörst.
- Hör auf die natürlichen Bedürfnisse deines Körpers, ignoriere seine Grenzen nicht.
- Sag nur Ja zu dem, was dich stärkt und was du wirklich willst.
- Vertraue deiner Wahrnehmung.
- Vermeide Selbstzweifel und Unsicherheiten.
- Sei ehrlich mit dir.
- Versuche, keine Erwartungen zu erfüllen, bleib bei dir.
- Wenn du Entspannungstechniken anwendest, dann versuch, so absichtslos wie möglich wahrzunehmen.
- Je weniger Reizen du ausgesetzt bist, umso besser kannst du auf deine Herz-Stimme hören.
- Beobachte die Welt so aufmerksam wie möglich, damit du ein tiefes Verständnis für Zusammenhänge entwickelst.
- Sei selbstbestimmt.

Ich kann mir vorstellen, dass das für dich jetzt viel und kaum umsetzbar erscheint, aber ich möchte dich ermuntern: Jeder kleine Schritt bringt dich weiter. Wir werden sensibel geboren. Das kannst du am besten bei Kindern beobachten. Im Laufe eines Lebens wachsen Zweifel und Unsicherheit in uns; sie werden uns anerzogen. Daher betone ich es noch einmal: Hab Vertrauen in deine Fähigkeiten! Wenn du »scheinbar unterschwellig« Energien wahrnimmst, dann lass diese Wahrnehmung zu. Du liegst richtig. Du hast die Fähigkeit, »zwischen den Zeilen zu lesen«.

AFFIRMATION

»Ich vertraue mir und meiner Wahrnehmung.«

KAPITEL 11

NATURKRAFTPLÄTZE UND RITUALE

Ein verschneiter Berg widerhallt
in den juwelenbesetzten Augen einer Libelle.

Kobayashi Issa

DER INNERE UND DER ÄUSSERE KRAFTPLATZ

Kraftplatz! Dieses Wort allein ist verheißungsvoll. Man möchte sich gleich wohlig zurücklehnen, entspannen – und Kraft tanken. Um sich auf die Spurensuche nach seinen persönlichen Kraftplätzen machen zu können, sollte man sich erst folgende Fragen stellen: Was gibt mir Kraft? Wie ist es um mein Bedürfnis nach Zuwendung und Geborgenheit bestellt? Was unterstützt meine Tatkraft? Was lässt mich aufblühen? Und wo blühe ich auf? Erst wenn wir uns unserer inneren Bedürfnisse bewusst sind, sollten wir uns den äußeren Kraftplätzen zuwenden.

Was ist ein innerer Kraftplatz? Der innere Kraftplatz ist ein Ort in der Seelenheimat, wo man sich seiner Wildnatur hingeben kann. Das Freiheitsgefühl, den Drang, die eigene Individualität und Besonderheit zu leben, all das braucht Aufmerksamkeit. Welche Aufmerksamkeiten du brauchst, um Kraft zu schöpfen, liegt an dir. Vielleicht verlangt es dich nach Rückzugszeiten. Ebenso kann genau das Gegenteil der Fall sein: Vielleicht bekommst du am meisten Kraft, wenn du mit deinen Neffen, Kindern oder Enkeln nach Herzenslust tobst. Wenn du weißt, was dir wirklich guttut, dann lassen sich auch Kraftplätze in den eigenen vier Wänden und in der Natur leichter finden.

Man könnte den inneren Kraftplatz auch so beschreiben: Du bist dir hier selbst eine gute Mutter. Mit allen positiven Eigenschaften, die eine fürsorgliche Mutter besitzt. Übrigens: Auch Männer haben ein Gefühl dafür, wie es sich anfühlt, von seiner Mutter liebevoll umsorgt zu sein. Du fühlst dich von innen beschützt, bewahrt und geborgen. Wenn du für dich selbst ein gutes Gespür entwickelt hast, was dich nährt, gehen wir einen Schritt weiter – nach außen.

In jedem Zuhause sollte man, ob jung oder alt, ein »Recht« auf einen Platz haben, der Geborgenheit vermittelt. In jedem von uns ist eine Empfindung, ein Wissen vorhanden, wie solch ein Raum oder Platz sich anfühlen sollte. Am besten lässt sich der Kraftplatz mit einem Gefühl vergleichen, das viele kennen: dem Heimatgefühl. Also eine Empfindung, die uns Geborgenheit und Sicherheit gibt, die uns zur Ruhe kommen lässt. Ängste oder Sorgen treten in den Hintergrund oder heben sich im besten Fall auf. Du kannst an diesem Ort tun und lassen, was du möchtest, niemand wird dich dafür kritisieren. Du fühlst dich frei mit all deiner Ausdruckskraft.

An diesem Ort schöpfst du *Kraft*.

Überleg dir in deinem Haus oder in deiner Wohnung: Was brauchst du, um für dich einen Raum oder einen Platz zu gestalten, der dir Schutz und Geborgenheit schenkt? Welche Eigenschaften muss dieser Raum besitzen? Nur du kannst diese Fragen beantworten.

Ich selbst habe Jahre gebraucht, einen solchen Ort für mich zu entdecken. Erst einmal musste ich eine klare Vorstellung von ihm bekommen. Für mich war wichtig, einen Ort zu finden, an dem ich mich als Teil der Natur begreifen konnte. Also nichts, wo mein Blick tagein und tagaus nur auf Betonmauern fällt. Im Laufe der Zeit wurden meine Vorstellungen, wie mein Wohn-Kraftplatz aussehen müsste, immer konkreter. Kurz bevor ich dann das Haus gefunden habe, in dem ich heute lebe, bin ich hier durch die umliegenden Wälder geradelt. Ich weiß noch ganz genau, wie ich scherzhaft in den Wald hineingerufen habe: »Du bist meine Heimat! Am liebsten will ich hier leben!« Ich hatte ja keine Ahnung, dass dieser Wunsch vier Monate später Realität werden sollte.

Was verbindet mich so sehr mit diesem Wald? Die Antwort ist ganz einfach: Es ist das Herz eines kleinen Mädchens, das nach Flucht und Heimatlosigkeit zum ersten Mal ein Gefühl von Sicherheit spürte. Erstaunlicherweise liegt die Flüchtlingsunterkunft in Buchholz, dort, wo wir nach unserer Ankunft in Deutschland wohnten – diese Zeit ist die erste konkrete Erinnerung meines Lebens –, nur wenige Hundert Meter Luftlinie von meinem jetzigen Zuhause entfernt.

Um wirklich richtig an diesem Platz anzukommen, brauchte es ein Jahr. Ich musste alle Jahreszeiten durchleben, um die Gewohnheiten des Waldes und seiner Bewohner ein wenig kennenzulernen. Das allerdings ist ein Lernprozess, der niemals abgeschlossen sein wird: Wann welche Energien auf welche Art und Weise zusammenwirken, bleibt ein ewiges Lernfeld.

KRAFTPLÄTZE IM ZUHAUSE SCHAFFEN

Wer mit seiner Familie zusammenlebt, wer räumlich beengt wohnt, hat es nicht ganz einfach, sich einen Kraftplatz in den eigenen vier Wänden zu schaffen. Nicht jeder hat ein eigenes Zimmer, in das er sich zu jeder Tages- und Nachtzeit zurückziehen kann. Daher ist es wichtig, zu Hause Grenzen zu setzen.

Wie kann eine solche Grenze im Alltag aussehen? Nehmen wir an, du brauchst heute eine Stunde Zeit nur für dich, eine Stunde, in der du nicht gestört werden willst – völlig gleichgültig, was passiert. Dein Partner und die Kinder müssen nicht immer verstehen, was dir Freude bringt. Vielleicht kommst du deiner Wildnatur am nächsten, wenn du Kreuzworträtsel löst, strickst oder Musik machst. Das Entscheidende ist, dass du deine Zeit des Rückzugs – also »deine Stunde« – allen Familienmitgliedern kommunizierst und eine sichtbare Grenze ziehst. Du kannst dazu Symbole zu Hilfe nehmen. Du sagst zum Beispiel: »Sobald ich die rote Decke um mich lege, bin ich eine Stunde lang nicht ansprechbar.« Die rote Decke dient somit als Hinweisschild: »STOPP – ich bin eine Stunde in Rückzugszeit!« Dir hilft diese Grenze, damit du dich nicht immer wieder rechtfertigen musst, und für die anderen Familienmitglieder ist sie eine hilfreiche Erinnerungsstütze. Manchmal muss man seine Grenze immer und immer wieder markieren und bekräftigen, bis die tobende Umgebung endlich begreift, wie ernst und wichtig es dir damit ist. Die rote Decke ist dein Schutzmantel.

Die rote Decke ist nur ein Beispiel. Deiner Fantasie ist keine Grenze gesetzt. Du kannst auch eine Kerze anzünden: Solange die Kerze brennt, dauert deine Rückzugszeit an. Oder du markierst deine Grenze mit Steinen oder Hölzern. Du kannst auch ganz einfach ein Hinweisschild aufstellen.

Ich habe festgestellt, dass es immer noch deutliche Unterschiede im Geschlechterverhalten gibt, wenn es darum geht, sich zurückzuziehen, sich seinem Kraftplatz zu widmen. Männer können oft besser für ihre Grenzen eintreten. Einige Frauen dienen bis zur Selbstaufgabe

dem Erhalt der Familienstruktur. Ich höre dann solche Sätze: »Ich kümmere mich ja *nur* um die Kinder, Haushalt und Einkauf. Ich habe ja auch nicht eine Vollzeitstelle wie mein Mann, ich arbeite ja *nur* in Teilzeit.« Die eigenen Bedürfnisse werden zurückgestellt. Oder es fehlt die Kraft, sie zu formulieren. Oder alleinerziehende Mütter und Väter sagen, sie wüssten überhaupt nicht, wie sie sich Freiräume organisieren sollten.

Nimm dir deine Kinder zum Vorbild. Kinder haben ein natürliches Geschick dafür, sich ihre Rückzugsräume zu kreieren, sie bauen sich aus Decken und Möbeln kleine Nischen und Höhlen. Meist wird dieser Ort nur mit dem Lieblingsspielfreund geteilt. Erwachsene haben keinen Zutritt zu dieser Höhle. Deinem Kind gönnst du diesen Ort und die Zeit des Rückzugs von Herzen – wieso dir selbst eigentlich nicht?

Lebst du alleine, ist Rückzug einfacher, dann kann sich die ganze Wohnung wie eine große Oase anfühlen und du kannst dich wann immer du willst einer feingeistigen Stimmung hingeben. Womit ich nicht sagen möchte, dass es schöner oder besser ist, alleine zu leben. Nur der Rückzug ist halt einfacher … Wann immer du keine Lust hast, dich von engen Denkweisen und strengen Vorgaben einschränken zu lassen, kannst du innerhalb deiner vier Wände Kraft schöpfen.

Du hast Wahlmöglichkeiten! Welche Gesellschaft tut dir gut? Welche Menschen lassen dir deinen Freiraum? Zu Hause kannst du dir selbst mit aller Toleranz und Liebe begegnen, die du für dein Wohlergehen brauchst. Wie und wo auch immer du lebst – ob in der Großfamilie oder im Singlehaushalt –, du kennst sicherlich das Gefühl, dass dir eine Ecke in der Wohnung oder im Haus am gemütlichsten scheint. Du fühlst dich dort ganz intuitiv wohl. Vielleicht steht da der uralte Sessel deiner Oma, der eigentlich gar nicht mehr zur Einrichtung passt, aber du kannst dich nicht von ihm trennen, oder es gibt einen Bereich im Haus, an dessen Gestaltung du mit vollem Herzen aktiv mitgewirkt hast. Oder dir ist ein bestimmter Platz am liebsten, weil du die Geschichte der Möbel kennst. Jeder hat einen Ort der Kraft – einen Lieblingsplatz. Es ist der Ort, an dem du dich gewohnheitsmäßig niederlässt.

Mein Lieblingsraum in meinem Haus ist gleichzeitig mein Arbeitszimmer. Dort liegt alles bereit, was ich benötige, um mich kreativ entfalten zu können – Malstifte, Rasseln, Trommeln, Meditationskissen. Ein großes Fenster lässt mich in den Wald blicken. Und alles, was mich an die ungeliebte Hausarbeit erinnert, hat dort keinen Raum.

Wenn du unsicher bist, wo dein Kraftplatz sein mag, beobachte dein Haustier. Tiere sind oft Wegweiser zu Kraftecken und Kraftplätzen. Wenn sie sich irgendwo gemütlich und entspannt niederlassen, ist das ein guter Indikator für einen Kraftort in deinen vier Wänden.

Nehmen wir also eine Standortklärung vor! Wo genau ist die Stelle in deinem Zuhause, wo du dich spontan wohlfühlst?

Warum gerade dort? Was steht dort? Wohin schaust du von dem Ort aus? Teilst du diesen Platz mit jemandem? Fühlst du dich diesem Ort zugehörig?

Dieser Ort kann überall in der Wohnung sein, von der Badewanne bis zum Bett. Wichtig ist nur, dass es in dir überhaupt ein Gefühl dafür gibt, wo und wie du Kraft bekommen könntest!

Wenn du weißt, wo dieser Kraftplatz ist, wäre die nächste Überlegung: Was könnte dieser Platz noch brauchen, damit du dich noch wohler fühlst?

ÜBUNG: GESTALTE DEINEN LIEBLINGSPLATZ

Das heilige Herdfeuer war früher ein Ort der Kraft für die ganze Gemeinschaft. Auf dem Feuer wurde gekocht, es wärmte, es diente zu rituellen Übungen. Das Herdfeuer wurde ununterbrochen gehütet. Ein Relikt davon ist der Küchenherd. Die Küche ist heute immer noch Sammelpunkt der Gemeinschaft.

Wenn du dir deinen Kraftplatz anschaust, was braucht dieser Ort, damit du dich auf Anhieb dort entspannt fühlst? Vielleicht eine Pflanze, eine Kerze oder einen Kraftgegenstand? Vielleicht dein Lieblingsfoto, Heilsteine oder dein Tagebuch? Wenn dein Blick auf den Lieblingsplatz fällt, sollte er dich in gute Laune versetzen. Du kannst diesen Ort nach den Jahreszeiten gestalten, aber dein Lieblingsplatz sollte ***kein*** Dekorationsplatz sein. Er fordert wie das heilige Herdfeuer, dass man ihn pflegt und hütet. Du kannst diesen Platz auch mit Symbolen ausstatten, die für dich wichtig sind. Vielleicht liegt dort eine alte Brosche deiner Mutter, vielleicht ein Stück Wurzel, das bei dir Heimatgefühle auslöst.

Kannst du aber keinen festen Ort in deiner Wohnung ausmachen, dann hilft dir vielleicht ein *Kraftgegenstand*, mit dem du Gemütlichkeit und Schutz assoziierst: eine Decke, ein Kissen, ein Kuscheltier, dein Lieblingsschal, deine Gitarre, eine Wärmflasche, Heilsteine …

Vielleicht hilft dir die folgende Übung, eine *tiefere* Verbindung mit deinem Kraftplatz aufzubauen.

ÜBUNG: ENTSPANNUNG AM KRAFTPLATZ

Begib dich zu deinem Lieblingsplatz und nimm einen Kraftgegenstand deiner Wahl mit dorthin.

Wenn der Kraftgegenstand eine Decke ist, dann kannst du dich darin gemütlich einmummeln. Mach es dir so wohlig wie nur möglich. Lehn dich an, setz dich, leg dich hin – welche Körperhaltung dir gerade guttut; folge deinem Impuls. Schalte Fernseher, Radio, Computer, WLAN etc. aus, damit beim Entspannen nichts dazwischenfunkt.

Jetzt stell dir vor, hinter dir ist ein großer, liebevoller Bär, der sich schützend um dich stellt. Ein Bär als Krafttier symbolisiert den Halt einer nährend schützenden Mutter. Eine Bärin ist eingebettet in die Gezeiten und erinnert uns daran, entspannen zu dürfen.

Du hast nichts zu tun, außer dich in den Armen dieses Krafttiers auszuruhen. Atme ruhig und gleichmäßig. Lass die inneren Bilder so konkret wie möglich zu. Wie fühlt es sich an, wenn du dich an einen großen, kräftigen Bären lehnst? Kannst du dich fallen lassen? Kannst du deine Schultern tiefer sinken lassen? Fühlst du dich beschützt bei allem, was du tust? Lass dich so lange von dem Bären umarmen, bis die Entspannung einsetzt. Du solltest dich dank deiner Imaginationskraft harmonischer und ausgeglichener fühlen.

Variante: Statt des Bären kannst du dir auch vorstellen, dass du geschützt in einem Ei liegst oder von einer Farbe umhüllt bist.

Je öfter du die Energie deines Lieblingsplatzes mit positiven Bildern besetzt, umso schneller kannst du zur Ruhe kommen.

Du hast auch die Möglichkeit, die Energie deines Kraftplatzes mit Mantren oder Gesängen anzuheben. Die Affirmationen am Ende jedes Kapitels können dazu dienen, einen Kraftplatz mit Energie zu füllen, indem du genau an diesem Platz die Affirmation laut aussprichst.

ÜBUNG: MANTRA FÜR DEINEN KRAFTPLATZ

Mantras können gesprochen oder gesungen werden. Man singt sie am bestem im Fluss des Ein- und Ausatmens. Ein sehr bekanntes Mantra besteht aus dem Laut »Mmmaaa«. Die Silbe »Ma« steht für das urweibliche Prinzip.

Atme tief ein und sprich beziehungsweise sing mit einem langen Ausatmen »Mmmaaa«. Dann holst du Luft und wechselst anschließend auf die Silbe »rrraaa«, die für das urmännliche Prinzip steht. Singt man in der Rheinfolge »mmmaaa-rrrraaa«, so erzeugt man einen harmonischen Klang im Raum. Der Klang lässt einen ruhig werden und sensibilisiert die Wahrnehmung.

KRAFTPLÄTZE IN DER NATUR

Hast du einen Kraftort in deinem Zuhause gefunden und gestaltet, dann kannst du dich als Nächstes auf die Suche in der freien Natur machen. Wieso ich dir zur dieser Reihenfolge rate, lässt sich einfach erklären: An allgemein bekannten Kraftplätzen in der Natur ist man fast nie alleine. Man begegnet dort Menschen, die mit ihren Energien (ob positive oder negative) die Schwingungen beeinflussen. Bekannte Wallfahrtsorte können Kraftplätze sein und sie können dein Energiesystem von Körper und Seele genauso überfordern wie zum Beispiel ein Kirmesbesuch oder große Menschenansammlungen. Sei also kritisch und eigenverantwortlich, wenn du bekannte Kraftplätze aufsuchst. Nicht jeder Kraftplatz ist aufladend oder aufbauend, manche zeichnen sich dadurch aus, dass sie Energie ableiten. Wer sich für Energien und Schwingungen öffnet, dessen Antennen sind auf Empfang geschaltet. Man ist im wahrsten Sinne *offen* – für Energien, die einen stärken, und solche, die einen schwächen können. Deswegen ist es so wichtig, einen geschützten *inneren* Ort der Kraft zu haben, an dem man sich regenerieren kann.

Wo überall sind Kraftplätze in der Natur zu finden, die sogenannten heiligen Stätten, Kulthöhlen, heiligen Haine, Grotten, Pilgerorte und Ritualplätze? Überall auf dem Globus finden wir sie. Sie sind nicht selten und eines haben sie alle gemeinsam: Von ihnen geht Ruhe aus. Diese Plätze sind mehr als »Energietankstellen«. Sie sind wie lebendige Wesen, mit denen wir in Beziehung treten können. Es sind magische oder mystische Orte mit besonderen Energien. Welche Energien dort genau wirken, ist abhängig von den Bodenbedingungen, dem Erdmagnetfeld, dem Zusammenspiel der Himmelsrichtungen und dem Wirken der Naturkräfte. Ein Kraftplatz ist frei von jeglichen Störungen, er weist zum Beispiel keine Wasseradern auf. Zwischen Mensch und Kraftplatz kann ein Austausch stattfinden, der den Menschen bereichert, von diesen Kraftplätzen geht eine gesundheitsfördernde Energie aus.

Bekannte Kraftplätze sind längst zu touristischen Anlaufpunkten geworden. Weltweit bieten Reiseveranstalter Touren zu alten Kult- und Ritualstätten an – zu den Kraftplätzen der Inka am Amazonas, zum Mount Tamalpais in Kalifornien, zu den Sonnenpyramiden

in Mexiko. In Südwestfrankreich liegt der Wallfahrtsort Lourdes, auf Malta findet man die Zeugnisse alter matriarchalischer Kulte, in Südengland Stonehenge, in Deutschland die Externsteine im Teutoburger Wald bei Horn. Auch Wallfahrtskirchen stehen häufig an Orten der Kraft. Die Sehnsucht nach der Verschmelzung mit der Natur und dem Einswerden mit den kosmischen Energien lässt viele Menschen solche Kraftplätze aufsuchen. An all diesen Orten wird erdverbunden um Kraft und Heilung gebetet. Manch einer findet wieder den Kontakt zur Natur, zum Göttlichen oder zu sich selbst.

Auf der Suche nach Kraftplätzen in der Natur ist es wichtig, sich ins Gedächtnis zu rufen, dass die Natur für unsere Urahnen heilig war. Ihr Blick auf die Natur formte ihr Bewusstsein für heilige Stätten. Was bedeutet das? Steine, Bäume, Quellen wurden als beseelt empfunden oder als Sitz von Gottheiten angesehen. Diese Plätze wurden geachtet. Auffallende Naturmerkmale zeichneten einen solchen Platz aus. Kostbare Bodenschätze wirken im Erdreich. Die Natur wurde gewürdigt. Nehmen wir an, ein uralter Baum mit besonderen Verästelungen diente einem Menschen bei einem Unwetter als Schutz. Er bedankte sich bei dem Baum: Am nächsten Tag kam er wieder und legte eine Opfergabe an seine Wurzeln, streute Samenkörner und Blumen. Ihm war dieser Platz heilig geworden. Nun kam ein Nachbar vorbei und sah, dass um diesen Baum herum viele Vögel Nahrung fanden, und er sah darin ein Zeichen der Götter. Auch er opferte dem Baum etwas zum Dank – er zündete heilige Kräuter an, spendete Wasser. So kann sich eine Kette von Aufmerksamkeiten anhäufen und dem Baum wird mit Blumenkränzen und etlichen anderen Opfergaben gehuldigt. Auf diese Weise kann ein Kraftplatz entstehen. Vielleicht sind einige unserer bekannten Kraftplätze so entstanden, weil ein außergewöhnliches Naturphänomen die Aufmerksamkeit der Menschen auf sich zog.

DEN EIGENEN KRAFTPLATZ FINDEN

Jeder Platz in der Natur kann ein Kraftplatz sein. Angefangen vom kleinen Altar im eigenen Garten bis hin zum Gipfel des Mount Everest. In der Nähe des Waldes, in dem ich lebe, gibt es – ungefähr 40 Minuten fußläufig von meinem Haus entfernt – ein Naturdenkmal. Es handelt sich um ein Großsteingrab aus der Jungsteinzeit (es wird auch als *Salongrab* oder *Hünenbett* bezeichnet), das zwischen circa 3500 und 2800 v. Chr. entstanden sein soll. Das restaurierte Hünenbett aus 76 teilweise ergänzten Randsteinen ist 48 Meter lang und 6,5 Meter breit. Diese Megalithanlage ist Ausdruck der Kultur jungsteinzeitlicher Gesellschaften.

Wann immer ich Besuch habe, Jahreskreisfeste mit meiner Gemeinschaft feiere oder Naturrituale gestalte, gehe ich zu diesem Kraftplatz. Die Anlage ist zwar nah an der Hauptverkehrsstraße, doch das tut ihrer Energie keinen Abbruch. Dieser Ort macht mich ruhig. Ich fühle mich angebunden. Ich kann dort in Ruhe trommeln, rasseln oder mich auf die Steine legen zum Krafttanken. Für mich ist es immer wieder spannend zu erleben, wie die Menschen den Platz empfinden, wenn sie dort sind. Wie sie sich bewegen. Ich erzähle ihnen vorher bewusst nichts, um ihre Eindrücke nicht zu beeinflussen; sie sollen es selbst erspüren. Mich hat im Laufe der Jahre sehr fasziniert, wie deckungsgleich die Empfindungen für diesen Platz sind. Bis auf einige wenige Ausnahmen wird er von den meisten Besuchern als Kraftplatz wahrgenommen.

Einer meiner absoluten Lieblingskraftplätze liegt in der Lüneburger Heide. Dieser Platz ist sehr unscheinbar, aber er vereint alle vier Elemente zu einem harmonischen Gefüge. Kristallklares Wasser, sandige Erde, Luft, die nach Heide duftet – und es ist ein absoluter Sonnenplatz.

Irgendwie habe ich immer das Gefühl, es scheint die Sonne, wenn ich dort bin. Ein mittelgroßer Findling ist mein Ankerpunkt. Dort bete ich, spreche mit dem Steinvolk und verbinde mich mit den Elementen Erde, Luft, Wasser und der Sonnenfeuerkraft. Es gibt kaum einen

Platz, der mich glücklicher machen kann. Wenn ich tieftraurig bin oder verzweifelt, dann schafft es dieser Platz, mich wieder in meine Mitte zu rücken. Einige Sommernächte habe ich schon bei diesem Findling verbracht. Besucher nehme ich auch dort mit hin, doch kaum einer kann nachempfinden, was ihn so besonders für mich macht.

Deswegen kann ich dir nur ans Herz legen: Such dir deinen eigenen Naturkraftplatz. Achte auf deine Umgebung. Deine Energie verändert sich in der Nähe eines solchen Ortes. Dein inneres Gefühl ist die beste Landkarte, um solche Plätze zu finden. Oft sind es Bäume, Felsen, Tiere, die geradezu den Weg dorthin weisen. Welche Tiere siehst du? Achte auf deren Verhalten – will das Tier dir vielleicht etwas vermitteln?

Was zeichnet einen Kraftplatz aus? Grundsätzlich, dass jemand ihn mit seiner Aufmerksamkeit beschenkt. Orte in der Natur, die ruhig und leise sind, unberührt, stolz, majestätisch, können sichtbare Kraftplätze sein. Besonderheiten in Form und Struktur, Quellen, Flussläufe, seltene Steine, Wasserfälle, Berge, Waldlichtungen, Steinkreise und einzigartige Naturmerkmale können einen Platz kennenzeichen.

Vielleicht ist der Kraftplatz, den du für dich findest, wesentlich bescheidener als eine der bekannten Kultstätten. Das bedeutet aber noch lange nicht, dass dieser Ort weniger Kraft hat.

ÜBUNG: FINDE DEINEN LIEBLINGSPLATZ IN DER NATUR

Welche Gegend lädt dich ein? Wo fühlst du dich wohl? Kraftplätze wollen mit all deinen Sinnen erfahren werden. Was hörst, riechst, schmeckst du? Wenn du durch die Natur läufst, wo fühlst du dich im wahrsten Sinne des Wortes »beschwingt«? Achte darauf, was du empfindest!

Kraftplätze sind zwar präsent durch ihre Kraft, aber für einen »Laien«, der mal eben durch die Natur läuft, nicht immer zu erkennen. Besondere Wuchsanomalien von Bäumen und Sträuchern können auf sie hinweisen.

Schau dir also die Umgebung so genau wie möglich an. Erst mit offenen und dann mit geschlossenen Augen. Lauf barfuß über die Erde oder leg dich auf die Erde und spüre ihre Schwingung! Atme den Duft ein. Ist ein Baum da, dann lehn dich an ihn an und nimm Kontakt auf. Handle ohne Absicht. Sei frei von Erwartungen an dich selbst oder an den Platz. Sei ehrlich mit dir. Nimmst du wirklich etwas wahr – was sich zum Beispiel an einer Gänsehaut zeigt – oder ist es nur Einbildung? Je ehrlicher du mit dir bist, umso eher kommst du in Kontakt mit den Naturkräften. Wiederhole deine Suche so lange, bis du einen Platz in der Natur findest. Vielleicht ist für dich dieser Kraftplatz eine Parkbank im Stadtpark.

Was solltest du tun, wenn du einen Kraftplatz in der Natur entdeckt hast? Selbstverständlich zunächst alles, was seinem Wohle dient, zum Beispiel schlichtweg Müll aufsammeln. Du kannst eine Schale mit Wasser aufstellen oder heilsame Steine hinlegen. Besuche deinen Kraftplatz so häufig wie möglich. Ein Energieausgleich findet statt und stärkt nicht nur dich, sondern auch den Platz, und du wirst immer vertrauter mit ihm werden.

Vor allem aber kannst du mit dem Ort und den Naturkräften, die dort sind, eine Verbindung eingehen. Auch hier solltest du nie eine hohe Erwartungshaltung und keine Vorurteile haben. Sei so absichtslos wie möglich. Vielleicht wirst du Kraftlinien, Lichtblitze oder Elementarwesen wahrnehmen können. Die Energie kann sich auch dadurch äußern, dass sich an deinem Körper alte Narben oder frühere Verletzungen melden. Vergiss nicht:

Die äußere Natur dient als Spiegel unserer inneren Seelenlandschaft.

Wenn du nicht in deiner vollen Kraft stehst, dann wird dich das unmittelbare Erleben der Natur vielleicht sehr erschöpfen. Nimm das an, was zu dir kommt, und werte es nicht. Du kannst an einem Kraftplatz um Heilung bitten, aber du kannst sie nicht verlangen! Es sind sensible Plätze! Sie fordern einen achtsamen Umgang. Frag und bitte den Ort. Jede Form von Kommunikation – singen, sprechen, tanzen, berühren – ist völlig in Ordnung, sofern der Platz dich dazu ermuntert.

Eine Bitte, die mir am Herzen liegt: Behandle diesen Platz mit Respekt, egal ob du ihn schließlich als einen für dich geeigneten Kraftplatz empfindest oder nicht. Für jemand anderes kann es der richtige Platz sein. Hinterlasse – wie schon gesagt – bitte keinerlei Abfall! Opfergaben aus Plastik und Aluminium solltest du vermeiden. Ein Gebet, eine liebevolle Berührung, eine Verneigung oder eine Haarsträhne von dir können liebevolle Gesten des Danks sein.

Du kannst an deinem Kraftplatz meditieren, dich ausruhen und einfach nur Kraft tanken. Vielleich vernimmst du den Ruf deiner Wildnatur und verspürst den Wunsch, dich tiefer mit den Kräften der Natur zu verbinden.

Aber wie ist es möglich, tiefer einzutauchen? Kraftplätze waren seit jeher Orte der Gemeinschaft. Ein Ort, an dem Menschen zusammenkommen, um gemeinsam die Kräfte der Natur zu ehren und sich mit ihnen zu verbinden. Besondere Transformationspunkte im Jahreslauf, wie zum Beispiel Sommer- und Wintersonnenwende, wurden gefeiert und ausgiebig zelebriert. Den Schöpfungskräften, den Göttern, den Ahnen, den Naturgeistern wurde gedankt und geopfert. Die Bitte um Heilung, der Dank für eine reiche Ernte oder der Wunsch, sie wohlgesonnen zu stimmen, sind immer Anlässe gewesen, um Naturrituale zu gestalten. Und mithilfe der rituellen Gestaltung ist es möglich, eine tiefere Verbundenheit zur Natur aufzubauen.

WAS IST EIN NATURRITUAL?

Rituale begleiten uns alltäglich. Ein Ritual kann es sein, seinem Kind eine Gutenachtgeschichte vorzulesen, um es auf den Schlaf einzustimmen. Oder für eine Freundin, der es nicht gut geht, eine Kerze anzuzünden. Oder das Schmücken der Wohnung nach alter Tradition zur Adventszeit. Das Morgengebet ist ebenso ein Ritual wie das Schreiben einer Geburtstagskarte, die du mit guten Wünschen losschickst.

Rituale vermitteln uns Sicherheit und geben unserem Leben Struktur. Sie können auch Trost spenden, wenn etwas aus dem Ruder läuft. Wenn wir sie ausüben, fühlen wir uns angebunden und verbunden mit unseren Mitmenschen. Wer kennt es nicht, dass der Morgen nach einer bestimmten Struktur und Gewohnheit verlaufen soll, damit der Tag nicht schon mit Stress beginnt?

Rituale markieren auch Übergänge. Oft kennzeichnet ein Ritual einen Wendepunkt im Ablauf des Tages oder der Nacht – oder im Leben. Wichtige Veränderungspunkte sind zum Beispiel Einschulung, Erstkommunion, Konfirmation, Jugendweihe, Abschlussfeste, Verlobung, Hochzeit und runde Geburtstage. Zu Ehren dieser Anlässe werden Feste gefeiert und die neuen Lebensabschnitte mit guten Wünschen bekräftigt. Man bittet um den guten Segen und beschenkt seine Lieben mit kleinen Aufmerksamkeiten.

Nichts anderes tun wir eigentlich, wenn wir Rituale in der Natur durchführen. In der rituellen Begegnung mit der Natur können wir Veränderungen bewusst manifestieren. Das Ritual dient dazu, Veränderungen im Leben sichtbar zu gestalten. Egal ob Trauer, Abschied, Trennung, Krankheit, besondere Anlässe wie Geburt, Wohnungswechsel, Hochzeit, eine neue Arbeit, der Wechsel der Jahreszeiten – all dies können Gründe sein, ein Naturritual zu gestalten. In einem solchen Naturritual können wir

bewusst unsere persönlichen Bitten, Wünsche und Anliegen an die Erdkräfte herantragen.

Wenn wir mit Ritualen arbeiten, verlassen wir das Reich der alltäglichen Wirklichkeiten und tauchen ein in Schwellenräume, in denen wir bewusst die Übergänge mithilfe von Symbolen und bestimmen Handlungen markieren. Die Wildnatur kommt in Berührung mit den Schöpfungskräften. Was heißt das? Die Kraft des Rituals öffnet die Tür, um mit dem Göttlichen zu kommunizieren. Was du selbst als göttlich empfindest, ist der Freiheit deiner Seelenweisheit überlassen. In der Natur vereinen sich alle Religionen. Es braucht für die Kommunikation ein Bewusstsein, dass es über deine alltägliche Wirklichkeit hinaus etwas Heiliges gibt. Man hinterlässt beim Ritual seine Wünsche und Gebete der göttlichen Führung. Man gibt vertrauensvoll die Kontrolle ab, wird zum Bittsteller und begibt sich in die Obhut höherer Weisheiten und Kräfte. Natur und Spiritualität werden als nicht getrennt erlebt.

Mir fällt es sehr schwer, meine persönlichen Erfahrungen mit Ritualen niederzuschreiben, weil die Sprache nur einen

Bruchteil dessen ausdrücken kann, was im Schwellenraum der nicht alltäglichen Wirklichkeit passiert. Es öffnet sich ein Raum voller Wunder und Möglichkeiten. Die Kraft der Wünsche kann verschiedene Formen annehmen. Das ist nur ein zarter Versuch einer Beschreibung, weil sich nicht alles in »Wann-wie-wo-was-Formen« pressen lässt.

Für mich sind Naturrituale Seelenmedizin. Als Kind gehörten sie zu meinem Lebensalltag. Wann immer meine Mutter meinte, schlechte Kräfte umgäben uns, räucherte sie auf dem Herd mit Steckenkraut, betete und vertrieb die schlechten Einflüsse. Wann immer sie sich für etwas bedanken wollte, weihte sie Wasser und begoss damit die Pflanzen in der Wohnung. Ich kenne niemanden, bei dem die Pflanzen in der Wohnung besser gedeihen als bei meiner Mutter! Als ich sie einmal fragte, ob sie die Pflanzen dünge, erntete ich nur ein verschmitztes Lächeln. »Brauchte ich Dünger, um dich großzuziehen?«, lautete ihre Gegenfrage. Je älter ich werde, umso mehr wachsen meine Demut und mein Respekt vor diesen Kräften. Für meine Arbeit ist es unerlässlich, mich mit dem Göttlichen zu verbinden.

Hier mein Versuch der Beschreibung eines Naturrituals.

Es ist Mittsommer, und wir treffen uns bei mir zu Hause: Zehn Frauen unterschiedlichen Alters sind zusammengekommen, um sich für die Kräfte des Sommers zu bedanken. Draußen im Garten habe ich ein kleines Lagerfeuer entfacht. Wir setzen uns im Kreis um dieses Feuer und beginnen mit einer Redekreisrunde. Das heißt, dass jede Frau erst einmal erzählt, wie es ihr gerade geht und was sie sich vom heutigen Ritual wünscht, *ohne* dass sie dabei unterbrochen wird. Wenn alle gesprochen haben und die Absicht des Rituales formuliert worden ist, fangen wir an. Wir reinigen unseren Körper entweder durch eine rituelle Waschung oder durch das Fächern des Rauchs von Heilkräutern, beispielsweise Beifuß oder Salbei. Das ist ein erster Akt, um präsent in der Gegenwart anzukommen und um sich vom Alltagsballast zu lösen. Anschließend ziehen wir einen Schutzkreis, damit nur solche Energien eingeladen werden, die uns wohlgesonnen sind. Wir rasseln oder trommeln und rufen die Kräfte der Elemente, bitten sie um Unterstützung. Alle Schutzgeister, Krafttiere und unsere Ahnen bitten wir herbei. Nun beginnt unser Ritual. Die Absicht dieses Rituales besteht darin, der Natur zu danken für die Kräfte des Sommers. Dafür begibt sich jede Frau für ungefähr eine Stunde alleine in den Wald mit diesen Fragen:

- Was hast du in diesem Sommer gelernt?
- Wofür genau willst du dich bedanken?
- Welche Kraft nimmst du von der Sommerenergie mit in die kommenden Herbsttage?

Mich zieht es an diesem späten Nachmittag zu einem Brennnesselfeld. Dort setze ich mich hin und nasche ein wenig von den Blättern. Und tauche ein in die Erinnerungsbilder, die mir Frühling und Sommer geschenkt haben. Was unterscheidet diesen Sommer vom vorhergehenden? Dann schmecke ich förmlich den Unterschied, dank der Brennnessel!

Mir stand in diesem Sommer viel mehr Kraft zur Verfügung! Ich war in diesem Jahr viel achtsamer mit mir und meinen körperlichen Grenzen. Die Sonne jeden Morgen zu begrüßen, war jedes Mal ein wunderbares Erlebnis, das mir Energie gab, dafür will ich mich von ganzem Herzen bedanken. Einfach ein großes Dankeschön aussprechen, dass es die Helligkeit des Tages gibt. Ich nehme mir ganz fest vor, im Herbst wieder zu diesem Brennnesselfeld zu kommen, um Samen zu ernten – als Erinnerung an die heißen Sommertage.

Nach der Stunde versammeln wir alle uns wieder ums Feuer, und jede Frau teilt den anderen ihre Erfahrungen und ihre Antworten mit. Unseren Dank sprechen wir laut aus! Dabei opfern wir eine Prise von Heilkräutersamen in die Erde und ins Feuer. Wir bedanken uns für alle helfenden Kräfte, die uns bei diesem Sommerritual unterstützt haben. Den Abend lassen wir mit einem Sommerfest ausklingen.

Rituale können allgemein in geschützten, geschlossenen Räumen durchgeführt werden. »Naturritual« bedeutet, dass der Ort des Rituals im Freien sein sollte, um den Naturkräften näher zu sein. Ein Kraftplatz in der Natur ist meist ein sehr gut geeigneter Ort, sofern er Schutz bietet vor neugierigen Zuschauern, die beim Ablauf des Rituals stören könnten. Sie können neugierige Zuseher zum Mitmachen einladen oder sie höflich um Ruhe bitten. Ein Naturritual kann bei jeder Witterung, bei Tag und Nacht, an 365 Tagen im Jahr gestaltet werden. Wann und wie lange ein Ritual dauert, das liegt in deinem Ermessen. Wichtig ist mir, hier zu erwähnen: Das Ritual dient dem Menschen und nicht der Mensch dem Ritual.

Jeder kann Rituale alleine zelebrieren oder für sich alleine gestalten. Aber reicher und intensiver werden die rituellen Handlungen durch die Gemeinschaft. Durch gemeinsames Teilen eines Naturrituales bündelt und potenziert sich die Kraft, die jeder Einzelne mit in den Kreis bringt. Es gibt im Ritualkreis keine Hierarchie unter den Teilnehmern. Es wird kreisförmig gedacht und gehandelt, ohne Ende und Anfang. Alle sind gleich, alles lebt, alles ist verbunden. Jeder einzelne Teilnehmer bereichert das Ritual mit seiner Erfahrung und seinem Wissensschatz.

Naturrituale helfen uns, aus dem Alltag auszubrechen. Um Naturrituale zu feiern oder zu gestalten, musst du kein Schamane sein, kein Priester, kein Heiliger, kein Heiler, keine Medizinfrau, keine Hexe … Rituale sind – ebenso wie die Sprache der Symbole – universal. Auf allen Kontinenten, in jeder Kultur findest du Hinweise auf Naturrituale.

Von Generation zu Generation wurden Rituale vermittelt und weitergereicht. Der Spirit – der Geist –, der in Dingen wohnt, wurde verehrt und geheiligt. Dieser Geist hat nichts Abstraktes oder Imaginäres: In allen Kulturen gibt es Menschen, die besonders begabt oder berufen sind und mit den Geistern der *Anderswelt* kommunizieren können. Heute bezeichnen wir Menschen, die die Fähigkeit haben, mit den Geistern zu kommunizieren, als Schamanen. Doch jede indigene Kultur hat andere Bezeichnungen für sie. Sie können die Grenze zur geistigen Welt überschreiten, um Botschaften zu vermitteln.

Die häufigsten schamanischen »Techniken« zur Gestaltung von Naturritualen sind Gebete, Ekstase, Gesänge, Trancetänze, Opfergaben, Rauchweihungen, gleichmäßiges rhythmisches Trommeln oder Rasseln. Sich schamanischer »Techniken« zu bedienen, macht einen übrigens nicht gleich zu einem Schamanen!

Wie bereits erwähnt, variieren die Techniken von Kultur zu Kultur. Sie sind Hilfsmittel, um die Tür zu den geistig-feinstofflichen Welten zu öffnen und sie mit unserer alltäglichen Wirklichkeit zu verbinden. Dazu braucht es aber großes Verantwortungsbewusstsein und vor allem Geduld. Nicht nach jedem Ritual trifft das ein, wofür man betet. Manchmal vergehen Jahre, bis sich etwas zeigt. Naturkräfte-Geister wollen eingeladen und gehuldigt werden. Sie zeigen sich nicht jedem. Manchmal ziehen sie sich auch ganz zurück.

Einige sehr alte Rituale wie die Visionssuche oder die Schwitzhüttenzeremonie habe ich beschrieben. Beim Ausüben solcher Rituale gibt es feste Ordnungen und Abläufe, sie sollten von einem erfahrenen (ausgebildeten) Ritualleiter angeleitet werden. Andere, einfache und gleichwohl wirksame Naturrituale aber kann jeder von uns ins Leben rufen. Jeder kann sie frei gestalten und zelebrieren. Denn in jedem Menschen schlummert das Potenzial, sich für spirituelle Energien zu öffnen. Wenn du dich zum Beispiel bedanken, um etwas bitten oder Kontakt aufnehmen möchtest zu deinen Ahnen und Schutzgeistern, bist du dazu fähig, das immer und zu jeder Zeit zu tun – du benötigst dafür keine Führung. Vertraue allein deiner Intuition, denn alles Wissen ist in dir gespeichert.

Wenn du dich gut und wohlfühlst, dann ist das ein guter Hinweis darauf, dass du im Einklang mit dir und den Schöpfungskräften bist.

Jedes Ritual ist einzigartig. Die Verantwortung trägt jeder für sich. Sei offen und empfänglich für das, was kommen soll. Handle mit Empathie. Es ist wichtig, die genaue Absicht, die Intention des Rituales zu klären und mit allen Anwesenden zu teilen. Die ursprüngliche rituelle Verrichtung war immer heilig, da ihre Wirkung heilend ist und der Mensch sich einfügt in die schöpferischen Gesetze.

Was gilt es zu beachten beim Ausführen eines Naturrituals?

- *Jedes Rituale benötigt eine Absicht und ein Anliegen.*
  Die Bekräftigung der Ziele und Absicht sollte so klar wie möglich definiert sein! Kläre deine Intention. Wofür machst du dieses Ritual? Worum bittest du? Hast du einen Wunsch, dann formuliere ihn so eindeutig wie möglich. Je besser die Weltenseele deinen Wunsch erfassen kann, desto besser kann sie dir helfen. Bitten, Wünsche, Anliegen und so weiter sollten immer für einen selbst formuliert werden. Denn nur du kannst die Verantwortung für dich tragen. Häufig glauben wir zu wissen, was für unser Gegenüber das Beste ist, aber nur, weil ich glaube, es zu wissen, heißt noch lange nicht, dass es stimmt.
  Beispiel: »Ich bitte um Heilung!« – Wovon?
  Besser ist es, genauer zu formulieren: »Ich bitte um Heilung meiner Knieschmerzen.«
  Wenn du dir etwas wünschst, dann solltest du durch und durch wissen, ob du es wirklich willst. Es kann wahr werden.
- *Die Kraft eines Rituals liegt in seiner Einfachheit.*
  Das heißt, es braucht nicht viel Aufwand, um es zu gestalten. Ein Gebet, eine Geste, ein Lied, ein Brief, eine einfache Opfergabe, die Begrüßung

der aufgehenden Sonne – all das können einfache Rituale sein.
»Ich bete, bevor ich etwas beginne, sodass es ein Segen für alle Menschen sein wird.« (Red Hat, Cheyenne)

- *Je aktiver du an einem Ritual teilnimmst, je mehr du mitgestaltest, umso stärker baut sich eine Verbindung auf zu höheren Schwingungen und Energien.*
  In einem Ritualkreis bist du mit allen anderen Teilnehmern auf Augenhöhe, deswegen ist es gut, wenn du dich einbringst. Ein Ritualkreis ist kein Ort, an dem du nur andächtig dasitzt. Es wird häufig von Herzen gelacht. Manchmal öffnen sich Räume, indem man ruhig und still wird.
- *Anrufung*:
  Bei der Anrede und der Anrufung der Kräfte ist es dir überlassen, wie du vorgehen möchtest. In der Natur vereinen sich alle Religionen. Ganz gleichgütig, aus welcher Kultur du stammst oder zu welchen Gottheiten du betest, du kannst sie so bezeichnen, wie du magst: Mutter Erde, Gott, Göttin, Odin, Allah. Es sollte sich für dich stimmig anfühlen. Ich sage zum Beispiel: »Geist des Lebendigen.«
- *Wenn du die Elemente rufst, dann solltest du die* freundlichen *Eigenschaften des Elements einladen.*
  Jedes Element – Feuer, Wasser, Luft und Erde – hat auch zerstörerische Kräfte. Also:
  Luft – kann eine Sanfte Brise sein oder ein Hurrikan.
  Erde – kann fruchtbarer Mutterboden sein oder ein Erdbeben.
  Wasser – kann ein Regentropfen sein oder ein Tsunami.
  Feuer – kann ein zartes Kerzenlicht sein oder ein Vulkanausbruch.
  Überleg dir gut, welche Eigenschaften der Elemente genau du einladen willst.
- *So einfach kann man die vier Elemente einladen*:
  Kräfte der Erde, ich rufe euch mit der Kraft der Geduld, bei uns zu sein.
  Kräfte der Luft, ich rufe euch mit der Kraft der Leichtigkeit, bei uns zu sein.
  Kräfte des Feuers, ich rufe euch mit der Kraft der Wärme, bei uns zu sein.
  Kräfte der Wasser, ich rufe euch mit der Kraft der Reinigung, bei uns zu sein.

Mach dir vorher bewusst, welche Eigenschaft du welchem Element zuordnen würdest.

Führe ein Ritual nur durch, wenn du dich in deiner Kraft fühlst. Nur wenn wir in unserer Mitte gestärkt sind, wissen wir genau, was für uns dienlich ist. Am besten lässt sich es so vergleichen: Du gehst in den Supermarkt mit riesigem Hunger und wirst mit großer Wahrscheinlichkeit mehr Lebensmittel einkaufen, als du essen kannst. Die Wahl fällt auf vieles, darunter garantiert einiges, was dir nicht wirklich guttut. Gehst du aber gesättigt in den Supermarkt, dann weißt du genau, was du willst, bist wählerisch und bewusster. Wenn du also nicht in deiner

Kraft bist, dann meditiere lieber, statt ein Ritual zu gestalten. Oder ruh dich aus oder leg dich auf den Boden, um zu entspannen.

- *Gesänge erfreuen alle Geschöpfe*: Einfache Lieder in einer Sprache, die alle Anwesenden verstehen, bringen Freude und laden zum Mitsingen ein. Ein einfaches bekanntes Rituallied ist:
  Erde, mein Körper,
  Wasser, mein Blut,
  Luft, mein Atmen,
  Feuer, meine Seele.

Vielleicht hast du jetzt Lust bekommen, ein einfaches Naturritual zu gestalten. Die folgende Übung möchte dir dafür Anregung sein.

ÜBUNG: BAUMZEREMONIE

Wann immer du dich gerufen fühlst, geh hinaus in die Natur und lass dich von einem Baum anziehen. Nimm dir etwas zum Notieren mit. Wenn du den Baum gefunden hast oder der Baum dich gefunden hat, nähere dich ihm achtsam und respektvoll. Berühre ihn und frag ihn, ob er dich dabei unterstützen kann, Antworten auf dein Anliegen zu finden.

Eine negative Antwort kann sich durch ein fröstelndes Gefühl äußern oder Schreck- oder Angstgefühle, die sich plötzlich bemerkbar machen. Bedanke dich bei dem Baum, lass ein Geschenk (Haarsträhne oder Lied) zurück und geh weiter.

Eine positive Antwort kann sich durch ein warmes Körpergefühl äußern; Gefühle der Freude und Verbundenheit bekräftigen dich. Umarme den Baum und teile ihm den Grund deiner Zeremonie mit.

Stell dich zu diesem Baum. Wende den Blick nach Osten (dort geht die Sonne auf) und frag dich: Wer bin ich? Schreib die Antwort auf und bedanke dich bei der Himmelsrichtung Osten.

Geh nun ein paar Schritte im Uhrzeigersinn und blicke nach Süden (dort steht die Sonne um die Mittagszeit). Frag dich: Was bringt mir Spaß und Freude? Schreib die Antwort auf und bedanke dich bei der Himmelsrichtung Süden.

Nun gehst du weiter und blickst in Richtung Westen (dort geht die Sonne unter). Frag dich: Wofür bin ich verantwortlich? Schreib die Antwort auf und bedanke dich bei der Himmelsrichtung Westen.

Nun gehst du wieder ein paar Schritte im Uhrzeigersinn weiter und richtest deinen Blick in Richtung Norden. Frag dich: Was ist meine Aufgabe? Schreib die Antwort auf und bedanke dich bei der Himmelsrichtung Norden.

Nachdem du einmal den Baum umkreist und dir Notizen gemacht hast, bedankst du dich bei dem Baum. Du kannst auch ein Geschenk dalassen, vielleicht Nüsse oder eine Frucht.

Die Fragen sind nur Vorschläge! Variiere nach Lust und Laune.

ÜBUNG: ABSCHIED NEHMEN

Du möchtest dich von etwas verabschieden oder emotional etwas abgeben?

Dann formuliere so genau wie möglich, wovon und warum! Grabe ein Loch in die Erde und hauche in die Erde deine Antworten hinein. Verschließe das Loch, nachdem du die Erde um Wandlung und Transformation gebeten hast. Bedanke dich bei der Erde.

ÜBUNG: ETWAS BEKRÄFTIGEN

Wenn du dich bedanken oder etwas in deinem Leben bekräftigen willst, dann säe etwas aus, im Blumentopf, im Garten oder in der freien Natur.

Gib dem Samen deine guten Gedanken und Kraft. Nähre diese Pflanze mit all deinen guten Wünschen. Begieße diese Pflanze mit all deiner Liebe.

AFFIRMATION

»Ich bin voller Vertrauen und Hingabe.
Möge alles, was geschieht, allen Geschöpfen dienen.«

KAPITEL 12

DAS ECHO DER NACHHALTIGKEIT

Der Wandel kniete sich in der Wildnis neben mich nieder
und mit der sanftesten Stimme, die ich je gehört habe, sagte er:
»Ich liebe es, der Grund für deinen Neuanfang zu sein.«
Dann küsste er die Tränen aus meinen Augen,
stand auf und nahm mich an die Hand.

Heather O'Hara

VERSETZE DICH IN DEINE MITWELT

Es ist tiefster Winter, draußen ist es bitterkalt. Meine Hündin fordert ihre letzte Abendrunde. Schnell streife ich mir meinen dicken Mantel über und trete vor die Tür. Die Batterien meiner Taschenlampe, die ich bei mir trage, sind leer. Dunkelheit und Nebel verlangen, dass ich wachsam bin. Ich sehe nichts. Wie immer staune ich auch jetzt, wie abhängig ich bin. Ohne den Schutz der Baumwolle und der Wärme der Schafswolle würde meine Haut frieren.

Ich denke an den Anblick des halb verhungerten Fuchses, den ich während meiner Morgenwanderung sah. Bellend lief er durch den Wald, verzweifelt, weil es für ihn kaum etwas zu fressen gibt. Pünktlich zu Beginn der Festzeit höre ich jede Nacht die Schüsse der Jäger. Wildtiere sind wahre Überlebenskünstler. Mein Respekt vor ihnen steigt mit jedem Schritt, den ich durch den finsteren Wald mache, und gleichzeitig steigt die Scham, dass ich den Winter – bei aller Naturliebe – nicht ohne Schutz des Hauses draußen verbringen wollte. Füchse, Rehe, Wildschweine, alle Wildtiere kommen mit den oftmals schwierigen Lebensbedingungen bei jeder Wetterlage zurecht.

Ich kehre nach dem Rundgang mit meiner Hündin zurück ins Haus, und als Erstes lege ich ein Stück Holz in den Kaminofen im Wohnzimmer. Erneut dringt in mein Bewusstsein, dass mein Wohlbefinden abhängig ist von der Kraft der Bäume. Nicht nur schenken sie uns die Luft zum Atmen, aus ihren Körpern sind auch meine Möbel geformt, und gerade jetzt wärmen sie auch mein Haus. Ich schaue ins Kaminfeuer und muss plötzlich laut auflachen. Der Speckstein hält die Wärme länger. Und während ich so die Flammen beobachte, taucht in meiner Erinnerung eine Legende auf, die ich gerne mit dir teilen möchte:

Ein Mann verließ eines Tages sein Dorf, um auf die Jagd zu gehen, denn sein Volk hungerte. Es war zu einer Zeit, als schon seit vielen Jahren eine große Dürre herrschte. Die Felder waren ausgetrocknet, nichts wuchs auf ihnen. Was war vorgefallen? Die Menschen hatten in ihrem Streben nach immer mehr Besitz Mutter Erde ausgebeutet. Sie hatten vergessen, dass es nur eine Erde gibt, und ihre Gier hatte ihre Herzen erkalten lassen. Die Erde lag im Fieber ihrer vielen Verletzungen. Es folgten lange Winter, danach setzten Jahre der Dürre ein. Nur wenige Völkergruppen hatten überlebt.

Die einzige Waffe des Jägers, der sich auf den Weg machte, um sein Volk zu ernähren, bestand aus einer langen, hölzernen Lanze mit einer scharfen Steinspitze. Mehr hatte er nicht. Die Munition war in den langen Kriegen der Völker aufgebraucht worden. Lange irrte der Jäger umher, bis er endlich hier und dort vereinzelt Spuren von Tieren entdeckte. Aber die Tiere blieben in ihren Verstecken. Sie wussten, dass der Mensch vergessen und verlernt hatte, sie mit Respekt zu behandeln. Sie ließen ihr Leben nicht mehr für die Zweibeiner. Der Mensch hatte sich ihrer nur noch wahllos als Nahrungsspender bedient, ohne einen Funken Dankbarkeit zu zeigen.

Der Jäger wusste nicht, ob er sein Volk vor dem Hungertod würde retten können. Wie unzählige Male zuvor, bauten sich wieder einmal große, graue Wolken auf und verdunkelten den Blick auf den Horizont. Es blitzte und donnerte, doch nicht ein Tropfen Regen fiel auf die ausgetrocknete Erde. Der Mann fürchtete sich vor den lauten Blitzen des Himmels. Vor Angst legte er sich auf die durstige Erde, demütig und furchtsam. Die Tiere beobachteten ihn dabei, lachend. »Das geschieht ihm recht«, sagte der Hase, »vielleicht wird er so lernen, das Volk der Tiere und die Pflanzen mit Achtung zu behandeln.«

Ein Tier jedoch hatte Mitgefühl mit dem Jäger. Es beschloss, dem Menschenvolk noch eine Chance zu geben, um sich der Schöpfung würdig zu erweisen. Als die heftigen Blitzschläge vorüber waren, schaute der Mann auf. Verblüfft sah er eine riesige Büffelkuh vor sich. Voller Stolz und Schönheit stand sie da und stampfte mit den Hufen.

»Töte mich«, befahl sie dem Mann. Aber der Jäger lehnte ab. Er wusste, dass sie heilig war. Solch ein Geschöpf konnte er trotz Hungersnot nicht töten. Wieder schnaubte das mächtige Tier: »Töte mich!« Erneut schüttelte der Mann den Kopf. Jetzt brüllte die Büffelkuh. »Töte mich«, rief sie zum dritten Mal. Der Jäger senkte den Kopf. »Das kann ich nicht tun«, antwortete er, »bitte verlang das nicht von mir.« Daraufhin stieß der Mann den Schaft seiner Lanze in die Erde, sodass die Spitze nach oben zeigte. Die Büffelkuh nahm Anlauf und sprang donnernd in die Höhe, schüttelte ihren gewaltigen Kopf und warf sich in die Speerspitze. Sie stürzte zu Boden und ihr Blut tränkte die trockene, staubige Erde. Mit ihrem letzten Atemzug befahl sie: »Nimm mein Herz und nähre dein Volk damit. Nimm mein Fell und kleide es damit. Nimm meinen Schädel und baue einen Altar. Gedenke meiner. Ich war da, damit du leben kannst.«

Der Mann gehorchte. Er schnitt das Herz heraus. Behutsam häutete er das Fell, und langsam kratze er den Schädel des Tiers sauber. Als er sein Werk beendet hatte, spürte er zarte Regentropfen auf seiner Haut.

Vor Jahren hatte mir eine Freundin eine ähnliche Legende einmal am Lagerfeuer vorgelesen. Sie hatte sie sinngemäß aus dem Buch *Der Pfad der Medizinfrau* von Priscilla Cogan wiedergegeben. Ich finde sie immer noch sehr aktuell und denke, ich werde sie eines Tages meinen Neffen erzählen, wenn die Zeit dafür reif ist.

Der Blick ins Feuer des Kaminofens lässt mich noch einmal über die Ereignisse der vergangenen Tage nachdenken. Ich bin gerade von einer Reise, bei der ich einen Freund in Bayern besucht hatte, heimgekehrt. Gemeinsam hatten wir die Herrmansdorfer Landwerkstätten in der Nähe von Glonn besucht. Das ist ein großer Betrieb, der sich auf die Herstellung ökologisch bewusster Lebensmittel spezialisiert hat. Auf den Ländereien gibt es einige imposante Kunstwerke zu sehen. Unter anderem steht dort auf einer Wiesenlandschaft ein Monument – eine Arche aus riesigen Findlingen –, das auf den ersten Blick wie ein Dolmengrab wirkt. Die Steine sind so angelegt, dass sie die Form eines Schiffs haben. Ich lief voller Begeisterung darauf zu, aber kurz bevor ich wirklich wahrnehmen konnte, um was es sich handelte, musste ich plötzlich weinen. Ich konnte nicht mehr aufhören. Ich hatte das Gefühl, als stünde ich vor einer Klagemauer. Und hatte keine Ahnung, warum ich so ergriffen war von der Präsenz dieser Riesensteine. Bis mein Freund zu mir sagte, ich solle doch hineingehen. Was ich nun sah, war ein Zeugnis unserer Zeit. Der Künstler, der das Steinobjekt geschaffen hatte, hatte die Namen aller Tierarten, die ausgestorben sind oder vom Aussterben bedroht sind, in Stein gemeißelt. 406 Tierarten – allein in Bayern! Einige Steine sind nicht beschriftet, und das vermittelt das Gefühl, dass die Liste fortgeführt werden soll. So wie einige steinzeitliche Dolmen Aufschlüsse über die Geschichte der damaligen Zeit geben, wird dieses Monument Zeitzeuge für zukünftige Generationen sein.

Ich stellte mir die Frage: Was kann ich als Einzelner dazu beitragen, die Fülle des Lebens zu wahren? Die Liste der Möglichkeiten ist unendlich lang, und ich bin motiviert, meinen Teil beizutragen. Für mich ist die Natur nicht nur Mutter oder Freundin oder gar Geliebte, sie ist meine Heimat, mein Zuhause. Wie ich mein Haus pflege, damit es noch für kommende Menschen nutzbar ist, genauso muss die Natur für kommende Generationen erhalten bleiben. Mein Tun, unser aller Tun ist verantwortungsgeladen und hat Auswirkung für kommende Generationen. Wie kann ich handeln, um wirksam zu sein?

Der Dalai Lama hat einmal gesagt: »Falls du glaubst, dass du zu klein bist, um wirklich etwas zu bewirken, dann versuche mal einzuschlafen, wenn eine Mücke im Raum ist.«

Ich bin sehr gerne Mücke und handle, soweit es mir möglich ist, in meinem Umfeld. Wir leben in einer Zeit, in der uns Informationen und Wissen mit jedem Klick zur Verfügung stehen. Niemand kann sagen, wir hätten vom Ausmaß der Zerstörung nichts gewusst. Wir wissen mehr, als uns lieb ist. Wir alle sind verantwortlich. Menschliches Handeln ist nicht zu trennen vom Erlebten. Komme ich aus einer Generation, in der Krieg und Hunger das Leben bestimmten, dann ist nachvollziehbar, warum die nachfolgende Generation nicht gerne teilt, sondern danach strebt, Besitz anzuhäufen. Ja, all das ist verständlich.

Wie ist zu verhindern, dass wir unseren Lebensraum zerstören und unseren Planeten vergiften? »Wir müssen nicht die Natur vor dem Menschen schützen«, hat der Quantenphysiker Hans-Peter Dürr gewarnt, »sondern den Menschen vor einer vergiften Natur.«[7]

Aus meinem spirituellen Bewusstsein heraus weiß ich, dass der Mensch viel Erfahrung braucht, um zu lernen. Das steht jedem Lebewesen zu. Der Mensch hat aber auch die Fähigkeit, aus der Geschichte zu lernen. Warum tun wir es nicht?

Ich wünsche mir, dass wir uns zu »Brückenbauern« entwickeln. Brücken zur Überwindung all der Polarisierungen, die uns das Leben schwer machen: Umweltschutz gegen Wirtschaftsinteressen, Schulmedizin gegen alternative Heilmethoden, Spiritualität gegen Wissenschaft – die Liste ließe sich unendlich fortführen! Das GEGEN bedeutet immer Kampf, ein Entweder-oder. Ein Brückenbauer hingegen schafft Verbindungen, Vernetzungen, ein Miteinander und vor allem ein UND! Wenn wir Verbindungen schaffen, dann stehen uns viel mehr Potenziale zur Verfügung.

Ich entstamme einem Kulturkreis, in dem es als Zeichen von Armut gilt, wenn man Gästen zu wenig auftischt. Es wird immer mehr gekocht, als gegessen werden kann. Oft werden Nahrungsmittel weggeworfen. Irgendwann habe ich begriffen: Genau das ist das Problem. Wir konsumieren zu viel, ohne Nutzen davon zu haben. Wir konsumieren um des Konsums willen. Wir haben keine Freude daran. Ein afrikanisches Sprichwort lautet: »Wenn Elefanten sich bekriegen, dann leidet nur das Gras.« Wie recht sie haben. Für Konsum werden Kriege geführt, wird gemordet, verschmutzt und zerstört. Nicht mehr lange, und wir werden zwei Erden brauchen, um den Konsumbedarf aller Menschen zu decken. Für mich ist das WENIGER der Schlüssel zur Nachhaltigkeit. Ich wünsche mir eine Gesellschaft, in der es als Zeichen von Reichtum und Intelligenz gilt, weniger zu besitzen und zu verbrauchen. Ich wünsche mir eine Ära ohne Verschwendungssucht.

Manchmal ist es gut, einen Perspektivwechsel vorzunehmen: Versetze dich in deine Mitwelt, in die Pflanzen, Tiere, ja auch in die Menschen und frage dich, ob du dich an deren Stelle wohlfühlen würdest. Fühlt sich der Regenwurm wohl, dann ist der Boden gesund. Pflanzen und Tiere fühlen sich wohl, wenn sie im richtigen Biotop und in Freiheit leben können. Die Natur ist perfekt, wir müssen sie nicht optimieren. Sie ist vollkommen. Sie ist der Inbegriff von Hingabe. Sie grenzt nicht ein. Wir denken, die Wildnis sei Chaos, doch genau das ist sie nicht. Sie ist das Ideal, ein ökologisches Wunderwerk! Vielfalt ist das Gesetz der Wildnis, und die Erde bietet Nahrung und Schutz für alle Lebewesen, sofern sie zum Gleichgewicht beitragen. Jeder von uns kann dazu beitragen, die Artenvielfalt zu ehren und zu schützen.

Das Motto lautet nicht »Zurück zur Natur!«, sondern: Du *bist* in jedem Augenblick deines Lebens Natur! Die Wildnis in sich zu kennen, die Wildnis im Außen zu ehren, den Spiegel der Natur zu nutzen, das ist es, was du aus der Lektüre meines Buchs hoffentlich mitnimmst. Je besser du dich selbst kennst, je besser du deine Mitwelt kennst, desto besser kannst du dich für die Umwelt einsetzen. Aus einem ganz einfachen Grund: weil du es dir wert bist.

Ich wünsche dir, dass du so robust wie Unkraut wirst und deine wilde Seele liebst.

DANKE

Dieses Buch wäre nicht ohne die tatkräftige Unterstützung meiner Agenten Peter Käfferlein und Olaf Köhne zustande gekommen. Insbesondere Peter Käfferlein möchte ich für seine wertvollen Feedbacks und seinen unermüdlichen Einsatz danken! Dem Irisiana Verlag, vor allem Hannes Frisch, Harald Kämmerer und Maren Richter, danke ich für ihr Vertrauen und die schöne Zusammenarbeit, Martin Stiefenhofer fürs Lektorat, Sebastian Fuchs für Bilderkunst.

Ohne den freundschaftlichen Rückhalt von Annette Knirk, Steffi Habersaat und Prisca Geißler wäre dieses Projekt nur halb so gut geworden. Eure Worte haben mir sehr viel Kraft gegeben.

Allen Frauen vom *Adrianezyklus*, der *Tafelrunde* und der Workshopreihe *Frauenweisheit und Frauenkörperempfinden* danke ich für Inspiration.

Geseko von Lüpke, meine Muse, danke für dein Wirken in der Welt. Achim Pauly, dein Ideenreichtum hat Früchte getragen. Alle meine Patienten, ihr seid meine Motivatoren. Thelma und Frau Hopp, danke für eure tierische Unterstützung. Meine Familie, ihr wart großartig während dieser Zeit! Mein Dank gilt darüber hinaus Doris Löwisch, Attis Sylke Beyn, Irma Kaiser, René Allen, Brigitte Krützfeld, Xenia Richard, Maike Wrede, Simone Rübke, Brigitte Böhrs, Dennis Eckert, Nicole und Guido Karp, Mark Payne und Daggy Büchting.

Geliebte Erde, ich danke dir für deine Gnade und verbeuge mich voller Demut.

Tala

ANMERKUNGEN

1. *Duden, Das Herkunftswörterbuch*
2. Clemens G. Arvay, *Der Heilungscode der Natur*, Riemann 2016
3. Wikipedia-Eintrag zum Begriff »Wildnis«, https://de.wikipedia.org/wiki/Wildnis
4. hr2 Kultur, Geseko von Lüpke: Mit Gott im Grünen. Zu Fuß unterwegs in der südafrikanischen Wildnis
5. Hans Peter Duerr, Traumzeit. Über die Grenze zwischen Wildnis und Zivilisation, Suhrkamp 1985, Seite 76 und 210
6. Internetseite www.tiefenökologie.de
7. Geseko von Lüpke im Gespräch mit Hans-Peter Dürr in »Gesundheit und dynamische Balance«

IMPRESSUM

ISBN 978-3-424-15323-1
1. Auflage

Projektleitung: Hannes Frisch

Lektorat: Martin Stiefenhofer

Satz: Knipping Werbung GmbH, Berg bei Starnberg

Korrektorat: Susanne Schneider

Layout und Herstellung: Claudia Scheike

Bildredaktion: Sabine Kestler

Bildnachweis: Alle Bilder: Tala Mohajeri mit Ausnahme von: Guido Karp: U4, Autorenporträt; iStockphoto: 106 (Dace Znotina), 107 (Mayerberg), 12/13 und alle weiteren Aufmacher-Illustrationen 185 (rolandtopor); Sebastian Fuchs, Hamburg: 12/13, 28/29, 46/47, 62/63, 72/73, 86/87, 94/95, 122/123, 134/135, 146/147, 160/161, 184/185

Covergestaltung: Geviert Grafik & Typografie unter Verwendung eines Motivs von Shutterstock/Mimadeo

Litho: Helio Repro GmbH, München

MIX
Papier aus verantwortungsvollen Quellen
FSC® C021956
FSC www.fsc.org

Verlagsgruppe Random House FSC®N00196

Druck und Bindung: Alcione, Lavis

Printed in Italy